Der Garten lädt ein zum Glück,
zu fröhlicher Geselligkeit.
Willkommen, o Saison der Blumen!
Nun ist die Zeit der Trinkgelage.
Hafis

Jean-Bernard Naudin Odile Godard

ZU GAST BEI Scheherazade

KULINARISCHE GENÜSSE AUS 1001 NACHT

Wilhelm Heyne Verlag
München

Danksagung

Die Editions du Chêne sowie das ganze Foto-Team möchten vor allem Seiner Majestät, dem Maharana von Udaipur, Arwind Sing Mewar, ihre Dankbarkeit ausdrücken.

Unser Dank gilt ebenfalls der Air India, dem Fotolabor Gorne und Fuji-Film für ihre freundliche Unterstützung bei der Entstehung dieses Buches.

Ohne die wertvolle Hilfe von bedeutenden Persönlichkeiten und Freunden hätte dieses Buch nicht realisiert werden können. Unser Dank geht an: Raghvendra Sing, Maharadscha von Samode, und seine ganze Familie, Anna Mérimée, Brigitte Sing, Krishna Pal Sing, Maha Sing, Pierre Barroux, Francis Wacziarg, Gour Kanjilal.

Zu besonderem Dank sind wir auch all jenen Leuten – großen und kleinen – verpflichtet, denen wir in Indien begegnet sind. Mit ihrer Hilfe konnte, wie in den Erzählungen von *Tausendundeine Nacht*, das Unmögliche möglich werden.

JEAN-BERNARD NAUDIN

Jean-Bernard Naudin hat diese Reise angeregt, ich danke ihm und dem ganzen Herausgeber-Team.

Ohne den unvergeßlichen Empfang und die phantastische Gastfreundschaft der Radschputen wäre das Buch wohl nicht entstanden.

LYDIA FASOLI

Meinen ganz besonderen Dank möchte ich übermitteln an: René R. Khawam, Übersetzer von *Tausendundeine Nacht*, der mir freundlicherweise die wertvollen arabischen Handschriften in der Bibliothèque nationale gezeigt hat, über denen er schon seit vielen Jahren arbeitet; Farouk Mardam-Bey, Direktor der Bibliothek im Institut du Monde Arabe, dessen Personal sich mit großem Einsatz und Entgegenkommen bemüht hat, mir meine Recherchen zu erleichtern; Jean-André Charial, der mir mit seiner langjährigen Erfahrung bei Oustaù de Baumanière in Baux-de-Provence zur Seite gestanden hat. Er entdeckte mir die tausendundein Geheimnisse der Kochkunst, indem er mich die subtilen Geschmacksverbindungen lehrte, die die raffinierte Küche auszeichnen; André Canavese, Parfümfabrikant in Grasse, und Olivier Fabre, Parfümmischer in einer Parfümfabrik, die sich bereit erklärten, mir die geheime Zusammensetzung von Duftmischungen aus Gewürzen und natürlichen Pflanzen- und Blütenaromen preiszugeben; Anne Borrel vom Marcel-Proust-Institut, die mich darauf aufmerksam gemacht hat, daß *Tausendundeine Nacht* zu den Lieblingsbüchern dieses großen französischen Schriftstellers zählte; den zahlreichen Freunden und Bekannten, besonders Frédérique Fabre und Claudine Job, die mich zu diesem Buch ermutigt haben, das den Lesern die Möglichkeit bietet, durch die Eßkultur und Lebensart eine dem breiten französischen Publikum heute noch weitgehend unbekannte Kultur kennenzulernen.

ODILE GODARD

Inhalt

Prolog

Hätten durch Zufall Romanciers auf Freuds Couch gelegen und ihre Bekenntnisse abgelegt, dann wäre der moderne Großwesir des Unterbewußten zweifelsohne auf den »Scheherazade-Komplex« gestoßen, benannt nach der berühmten weiblichen Figur, die alle Wege und Irrwege der romanesken Psyche durchlaufen hat: Die schöne Erzählerin, die aus freien Stücken stürmische Nächte mit dem finsteren Tyrannen verbrachte, rettete ihr Leben Morgen für Morgen nur dadurch, daß ihr Herz einen klugen Umweg über Geschichten nahm, die sie mit großer Zungenfertigkeit erzählte. Man muß das Wort Zunge hier sowohl in seinem eigentlichen als auch in seinem übertragenen Sinn (Sprache) verstehen: Denn wenn man *Tausendundeine Nacht* genau liest, ist offensichtlich, daß Scheherazade eine Frau von Geschmack ist, in jeder Hinsicht des Wortes. Feinschmeckerin durch und durch, süß und pikant je nach Abend, aber immer köstlich, findet sie Gefallen daran, die ermüdeten Sinne des Sultans wiederzubeleben, indem sie Speisen, so ergötzend wie ihre Erzählungen, und Weine, so betörend wie ihre Einfälle, heraufbeschwört. In Liebe entflammt, was sie zweifellos ist, hat sie denn auch keine Bedenken, gelegentlich etwas Würze einzustreuen... Man möge darin keineswegs nur ein pittoreskes Detail sehen, denn der Geschmack, in der kulinarischen Bedeutung des Wortes, ist einer der wesentlichen Bestandteile des Textes.

Ich habe mich im stillen immer über jene Naiven lustig gemacht, die die Meinung vertraten, das Schreiben wäre – ebenso wie die Zubereitung einfacher Speisen – nur vom Rezept und bestimmten Handgriffen abhängig. Doch noch mehr amüsierten mich jene vergeistigten Literaten, die öffentlich kundtaten, die Tafelfreuden zu verachten. Man kann es nicht häufig genug betonen: Vor einem weißen Blatt Papier muß ebenso wie an einem Herd vor allem eine urspüngliche Schaffensfreude vorhanden sein. Feinschmeckertum und Appetit, Hunger nach Phantasie, Durst auf Neues – der Mann der Feder wird von den gleichen Leidenschaften bestimmt wie der Meister des Kochlöffels. Zwar sind die Verfahren und Utensilien verschieden, dennoch sind auch die Schriftsteller mit gutem Recht zu den Gaumenexperten zu zählen, stellen sie doch ebenso wie die Küchenchefs eine irdische Nahrung her, die mit zu dem Köstlichsten überhaupt gehört: ein Buch; und ein gutes Buch verschlingt man bekanntlich genauso gierig wie ein schmackhaftes Gericht... Das vorliegende Buch ist mit Bestimmtheit solcher Art: delikat angerichtet und erzählt von Odile Godard und raffiniert in Szene gesetzt von Jean-Bernard Naudin – mit der gleichen Kühnheit und Unersättlichkeit, wie die beherzte Orientalin sie bewies, und das ist der eigentliche Grund, warum ich Scheherazade für eine Symbolfigur schriftstellerischen Geniums halte: die Unerschrockenheit ihrer Vorstellungskraft und ihrer Sinnlichkeit, ihrer dreisten Begehrlichkeit, die sich gleichermaßen in Speisen und Worten manifestiert. Eine weitere grundlegende Lektion des Orients an den Okzident; denn um die von der legendären Verführerin dargebotenen Wonnen richtig genießen zu können, muß man erst einmal lernen, keinen der sinnlichen Genüsse auszuklammern, die sich Scheherazade im Laufe der gefahrvollen Nächte einfallen läßt. Bei ihren erlesenen Festmahlen der Worte steigt einem, sobald sie von einem Lammbraten erzählt, schon das Aroma in die Nase; oder es zergeht einem allein beim Zuhören der unvergleichliche Geschmack eines Rosensorbets, die subtile Raffinesse eines seltenen Gewürzes oder die Süße eines wie Seide gesponnenen Zuckerstücks auf der Zunge. Es gibt sogar Nächte, in denen ein Gericht zum Romanhelden wird, wie zum Beispiel jene Granatapfelspeise nach einem einzigartigen Rezept, die zwei Liebende, die grausam getrennt wurden, an ihrem Lebensabend endlich wieder vereint. Noch größer als ihre Schönheit ist eindeutig Scheherazades Verführungskunst: Sie regt beständig den Appetit an. Das Aroma ihrer Speisen ist an sich schon ein Gedicht, den Duftschwaden des Jasmin gleich, die in der Dämmerung aufsteigen, und mit der Musik ihrer Stimme weiß sie die Aufmerksamkeit des Sultans noch beim Morgengrauen zu fesseln.

Nächte von erlesenem Geschmack nennt sie das, wenn sie die nächtlichen Freuden der Liebenden beschreibt – Liebesmahle, die stets mit verschwenderischem Aufwand zelebriert werden: Ausschweifungen von Saucen und rotgolden glänzenden Fleischspießen, Orgien von wie Geschmeide aufgehäuften Früchten. Nichts ist in diesen reichen und fernen Regionen gewöhnlich; die Zitrone heißt dort Zedrat, die Orange ist ein Goldapfel. Und um den von Ungeduld ausgetrockneten Mund des Sultans zu erfrischen, stehen ziselierte Becher bereit; Moskitonetze halten die Mücken fern, deren Summen oder Stechen den Zauber des Wortes brechen könnte; Keramikgefäße, Springbrunnen und Marmorböden verströmen Frische; Spiegel und Scheiben reflektieren hundertfach den Schein der Kerzen; Teppiche und Kissen warten auf die von der Alchimie der Worte besiegten Körper. Und schließlich finden sich seltsam geschnittene, vergitterte Balkone vor den Fenstern, die *machrabiya*. In ihrem Schatten kann sich das Messer, das zum Schneiden des Fleisches bestimmt ist, in einen Dolch verwandeln sowie die Gewürze in Gift, und die Liebe wird dort leider nur allzuoft zur Schwester des Todes.

Aber vom ersten Abend an hat Scheherazade ihre Wahl getroffen: Sie hat sich für das Leben und das Vergnügen entschieden. Ihre Erzählungen sind zu verstehen als Antwort auf die elementare Frage, die den Menschen schlaflose Nächte bereitet: Wie kann man auf Erden, in Erwartung des Paradieses, glücklich leben? Man weiß, daß sich der Islam ein sehr konkretes Bild von den himmlischen Glückseligkeiten macht. Mit der gewissen Dreistigkeit, die ihre Kraft ausmacht, kehrt Scheherazade die Fragestellung um und bietet ihrem Geliebten eine Religion der irdischen Freuden. Die beherzte Schöne der Nacht muß wohl wirklich in großer Leidenschaft entflammt sein, um sich jeden Abend der schwierigen Aufgabe zu stellen, bei einem so leiderfüllten Geliebten frische Kräfte und Appetit zu wecken ... Sie investiert die Zeit und fügt dem ersten noch ein zweites, weit wichtigeres Prinzip hinzu: Appetit auf mehr zu machen ... Die Festmahle reihen sich reibungslos wie die Perlen ihrer Halskette aneinander und verlieren sich in der Ewigkeit. Aber nichts weist in dem Text darauf hin, daß der Sultan, selbst als er von seiner Melancholie geheilt ist, jemals müde geworden wäre, jener zuzuhören, die ihn besiegt hat. Also doch nicht so sicher, die Ewigkeit ... Aber was dann? Ehrlich gesagt, mir fällt darauf auch keine rechte Antwort ein; und außerdem ist es spät, und der einzige Satz, der mir an dieser Stelle in den Sinn kommt, ist jener, der die Nächte meiner mythischen Vorlage beschließt: Aber da die schöne Erzählerin den ersten Schimmer der Morgendämmerung am Horizont gewahrte, unterbrach sie ihre Geschichte ...

Irène Frain

Lob der Feinschmeckerei

Komm herbei zu den Enten, die schwimmen
In einem Frühlingsbad aus saurer Sauce ...
Halte eine Trauerrede auf das gebratene Geflügel
Und stimm eine Lobeshymne an auf die geschmorten
Filetstücke!
Rühme das Andenken der Rebhühner,
Denen ich selbst stets höchste Ehren erweisen werde;
Und vergiß nicht die gebratenen Fische und Poularden,
Die es auch verdient haben, gewürdigt zu werden.
O Bedauern aus tiefstem Herzen
Für zwei Platten mit Fischen,
Die von zwei Stücken Fladenbrot begleitet werden,
Einen süßen Duft verströmend.
Die Eier in den Bratpfannen
Öffnen ihre großen, traurigen Augen,
Verzweifelt darüber, ihre Tage beenden zu müssen
– Welch grausames Schicksal! – auf einem glühenden Herd ...
Gelobt sei Allah! Was für ein köstliches Gericht!
Und dann das erfrischende Vergnügen
Einiger Salatblätter, getränkt
In den Schüsseln mit Essigsauce.
Ach, möge die Qual des Hungers kurz nachlassen,
Und mir die Ruhepause einer Weizensuppe gönnen,
Die besonders schmeckt im Glanz der Goldreifen,
Die an den Armen der Frauen schillern.
Geduld, o meine Seele, denn das Schicksal
Gefällt sich in wechselhaften Fügungen:
Den einen Tag verurteilt es dich zum Fasten,
den anderen Tag überhäuft es dich mit allen Köstlichkeiten ...

Tausendundeine Nacht

Vorwort

Die Lebenskunst der arabisch-islamischen Welt während der großen klassischen Epoche über die Figuren aus *Tausendundeine Nacht* wiedererstehen zu lassen, ist ein Vorhaben, das zunächst überraschen mag, da die Zeit so fern erscheint und die Lebensgewohnheiten so ganz anders. Doch zu verlockend waren die Erzählungen von *Tausendundeine Nacht*, die, abgesehen von ihren phantastischen Heldenabenteuern, vor allem auch die ganze faszinierende Atmosphäre des täglichen Lebens in einer detailgetreuen Ausführlichkeit schildern, die den Geschichten eine überzeitliche Dimension verleiht. Der poetische, gleichermaßen unwirkliche und realistische Text bietet Seite für Seite eine Vielfalt von Details, die, in der Art von Miniaturbildern, eine phantastische Welt entstehen lassen und zugleich die Urgründe der menschlichen Seele enthüllen. Und man entdeckt, daß der Genuß erlesener Speisen und die damit verbundenen, ausgeklügelten Rituale zu jeder Begegnung gehören, zu einem Rendezvous von Verliebten ebenso wie zu allen anderen Formen von Geselligkeit, die das Leben der einfachen Leute in gleicher Weise prägen wie das von Prinzen und bedeutenden Persönlichkeiten.

Zur Entdeckung dieser Lebensfreude ist der Leser eingeladen. Dabei wird er sich – von der magischen Kraft des Märchens von einer Erzählung zur anderen gezogen – bis an die Grenzen des Wirklichen leiten lassen, wie dies auch die Zuhörer der schönen Scheherazade Nacht für Nacht taten. Es wäre jedoch ein Irrtum zu glauben, in *Tausendundeine Nacht* eine genaue Beschreibung der erotischen oder kulinarischen Freuden zu finden. Obwohl die Erzählungen in einer Atmosphäre schwelgen, in der Wollust und Sinnlichkeit allgegenwärtig sind, so sind doch die Wonnen der Liebe wie auch die kulinarischen Genüsse, abgesehen von einem oder zwei Märchen, praktisch niemals wirklich geschildert. Es finden sich nur Anspielungen durch die Figuren und Situationen. Um die mannigfaltigen, in den Erzählungen lediglich angedeuteten Gerichte Wirklichkeit werden zu lassen, muß man auf Nachschlagewerke und Kochbücher der Epoche zurückgreifen oder auch auf die zahlreichen, dem Lob der Tafelfreuden gewidmeten Gedichte, die bei den in höheren Kreisen sehr beliebten Dichterwettstreiten vorgetragen wurden. Beide Quellen bieten einen reichen Schatz an genau beschriebenen, leckeren Speisen, die sich vor allem durch ihre Mischung von Süßem und Saurem, Gewürzen und Düften auszeichnen, und sie enthalten Getränke, wie sie an der Tafel der abbasidischen Kalifen und Fürsten serviert wurden.

Doch möge der Leser beruhigt sein! Die Rezepte wurden nicht in ihrer ursprünglichen Form übernommen, sondern unserer heutigen Ernährungsweise angepaßt. Dabei wurde auch manche Anleihe aus dem Repertoire von Oustaù de Baumanière gemacht, dessen neuer Meister, Jean-André Charial, mit glücklicher Hand die hohe Kunst kultiviert, Süßes und Saures, Aromen und Düfte zu vermählen. Er nimmt damit eine Tradition wieder auf, die dem Mittelmeerraum von seinen fernen sarazenischen Siedlern vererbt wurde.

Odile Godard

Scheherazade und der König Schahrijâr

شهرزاد و شهریار شاه

»Die Wahrheit findet sich am Ende des Irrealen.« J. E. Bencheikh

Tausendundeine Nacht . . . , um die Angst vor der heraufziehenden Morgendämmerung zu bannen und sich das Leben zu erhalten, Tausendundeine Nacht . . . , um die düsteren Gedanken aus dem Herzen eines Königs zu verjagen, den die Treulosigkeit und Hinterlist der Frauen entehrt hatte, Tausendundeine Nacht . . . , um mit Geschichten, in denen sich Wirkliches und Phantastisches, Sinnliches und Dreistes mischt, die heilsame Kraft des Wortes zu beweisen – und mehr noch die der Liebe, wenn sie in reine Herzen strahlt, wie es schon der Dichter so treffend gesagt hat: »Jener wird niemals sterben, dessen Herz nur von der Liebe lebt« (Hafis).

Was für ein Vergnügen
ist die Jagd
und die Jagd nach dem
Vergnügen!
Ich war jung und mein
Begehren unstillbar.
Abû Nuwâs

Das ist das Abenteuer, zu dem Scheherazade, jene Magierin des Wortes, »schön, klug und verständig«, den König Schahrijâr verlockt, indem sie ihn nach und nach in eine phantastische Welt jenseits von Raum und Zeit entführt, bevölkert von Wesen aus Fleisch und Blut, von Dschinn und Ifriten, wo sich seelische Erbauung und körperliche Verzückung ohne Unterlaß verbinden.

Und du, o geneigter Leser, zögere nicht, das Hochzeitszimmer der schönen Sultanin zu betreten, um darin die Tausendundein Genüsse des Lebens zu entdecken, die sich demjenigen darbieten, der es versteht, mit dem Herzen zu sehen, zu hören und zu sprechen. Du wirst dann die wohlduftenden Köstlichkeiten des sagenhaften Orients genießen.

O meine Freunde, könnte
doch mein Unglück
Euch eine Lehre sein!
Veranstaltet kein
Hochzeitsfest,
denn schon bald wird der
Kummer
das Glück verdrängen.
Die Ehe ist ein ewiges
Gefängnis,
der Ort all unseren Leids.
Abû Nuwâs

Es wird berichtet, daß in ferner Vergangenheit, zur Zeit der Herrschaft der alten persischen Könige vom Geschlecht der Sassaniden, zwei Brüder lebten, die die Könige der Inseln von Indien und China waren. Nach vielen Jahren der Kriegführung bekam der ältere, Schahrijâr, Sehnsucht, seinen jüngeren Bruder, Schâhzamân, der in Samarkand lebte, wiederzusehen. Er schickte daher seinen Wesir aus, um diesem seinen Wunsch zu übermitteln. Erfreut über die Botschaft, machte sich Schâhzamân sogleich an die Reisevorbereitungen, überreichte dem von seinem Bruder gesandten Wesir Geschenke und ging, um seiner Frau Lebewohl zu sagen. Als er sie aber schlafend neben einem Küchenjungen vorfand, erfaßte ihn ein schrecklicher Zorn, so daß er seinen Säbel zog und die beiden Liebenden tötete. »Kann man sich jemals des Verhaltens der Frauen sicher sein, sei es auch nur für einen kurzen Augenblick?« sprach er zu sich selbst, als er neben dem Wesir herritt und bemüht war, äußerlich nichts von dem tiefen Gram zu zeigen, der seine Seele zerfraß. Als er bei seinem Bruder, dem König Schahrijâr ankam, überschüttete dieser ihn mit Ehren und brachte ihn in einem Palast nahe dem seinen unter. Nichts jedoch vermochte Schâhzamân von dem Kummer abzulenken, in den ihn sein eheliches Unglück gestürzt hatte, daher lehnte er es auch ab, Schahrijâr auf einen Jagdausflug zu begleiten.

O gastfreundliches Haus,
das du so viele Fremden aufnimmst,
Sogar dir gänzlich unbekannte,
Von denen man nur freundliche Geschenke erhofft
Und deren Tadel man fürchtet.
Labîd

Als Schahrijâr auf die Jagd gegangen war, setzte sich Schâhzamân an ein Fenster, das auf den Garten hinausging, der die beiden Paläste verband. Da erschien plötzlich die Gemahlin des Königs Schahrijâr in Begleitung von ungefähr zwanzig Dienern. Sie waren seiner offensichtlich nicht gewahr geworden, denn als sie unter seinem Fenster angelangt waren, zogen sie ihre Kleider aus, und es zeigte sich, daß zehn von ihnen schwarze Sklaven des starken Geschlechts waren . . . , die nicht zögerten, sich unter die zehn Gefolgsdamen zu mischen.

»Mas'ûd! O Mas'ûd!« rief die Königin.

Und ein schwarzer Sklave sprang von einem Baum auf die Erde und gesellte sich sogleich zu ihr. Er streckte ihre Beine in die Luft, glitt zwischen ihre Schenkel und drang in sie ein. Die anderen zehn taten desgleichen mit den zehn Sklavinnen. Und sie gaben sich diesen

Ausschweifungen hin bis tief in die Nacht. Als Schâhzamân das Ausmaß des Ungemachs sah, das seinem Bruder widerfuhr, spürte er alsbald, wie sein Kummer verflog und sein Leid verschwand. »Mein Bruder herrscht über das ganze Land, es ist ihm in seiner ganzen Länge und Breite untertan, doch bewahrt ihn das nicht davor, von schrecklichem Unheil heimgesucht zu werden. Außerdem wohnt das Unglück ständig in seinem Haus. Insofern ist sein Schicksal weit schwerer als das meine! Und ich glaubte, ich sei der einzige auf der Welt, dem solches Unheil widerfuhr!«

Als Schahrijâr von der Jagd zurückkehrte, war er angenehm überrascht festzustellen, daß Schâhzamân sein gesundes Aussehen und seine heitere Miene wiedergefunden hatte. Dieser erklärte sich sogar bereit, ihm sein eheliches Unglück zu berichten, das ihm vor Verlassen seines Königreiches widerfahren war. Und auf heftiges Drängen ließ er sich sogar dazu verleiten, seinem Bruder zu enthüllen, daß dieser Opfer des gleichen Unglücks war, daß in seinem eigenen Haus zehn männliche, als Frauen verkleidete Sklaven wohnten, die des Tages und der Nacht mit seinen Sklavinnen und Favoritinnen schliefen. Von heftigem Zorn gepackt, verfluchte König Schahrijâr die Bosheit und List der Frauen:

... Vögel, die sprechen, Vögel, die als Komplizen von getrennten Liebenden die Listigkeit der Dschinn besitzen, Vögel, die den Dichter Lügen straften, würde er die Ansicht vertreten, daß »sich im Käfig eines Vogels ein Garten der Traurigkeit und die ganze Melancholie eines Hauses befindet«.
G. Schéhadé

»Wenn eine Frau etwas wirklich will, gibt es niemanden auf der Welt, der sie daran hindern könnte, es zu erlangen«, seufzte er. »Die Listen der Frauen sind stärker als alles andere.«

Einige Tage später, als er sich mit eigenen Augen vergewissert hatte, daß die von seinem Bruder geschilderte Szene durchaus der Wahrheit entsprach, rief er seinen Großwesir zu sich und befahl ihm, seine Frau zu töten. »Es gibt keine einzige Frau auf der ganzen Welt, die ihrem Ehemann treu ergeben ist«, klagte er und beschloß, von nun an keine Frau länger als die Hochzeitsnacht bei sich zu behalten.

Wenn am Ende der Nacht
Kanopus dem Reisenden
leuchtet und die
Morgendämmerung
verkündet,
erinnern die Datteln mit
ihrem purpurrot-goldenen
Glanz
an die vielfarbige Pracht der
Hyazinthen.
Abû Nuwâs

Und so geschah es. Jeden Tag beauftragte König Schahrijâr seinen Wesir, ihm eine neue Gemahlin zu suchen, und tags darauf, wenn der Morgen graute, gab er dem Wesir den Befehl, die junge Gemahlin zu töten. Und alle Frauen, Väter und Greisinnen der Stadt klagten und flehten den Schöpfer an, dem Wahnsinn des Königs ein Ende zu bereiten.

Es geschah aber eines Abends, daß Scheherazade, eine der beiden Töchter des Wesirs, die von großer Schönheit und Klugheit war und zudem in der Literatur unterrichtet, ihren Vater aufsuchte. Sie wollte ihm ihren Plan unterbreiten, den sie sich im geheimen ausgedacht hatte. Als ihr Vater ihr Vorhaben hörte, glaubte er, sie habe ihren Verstand verloren. Hatte sie nicht gar vor, sich ihrerseits mit dem König zu vermählen? Es war doch Wahnsinn zu glauben, daß sie, Scheherazade, den König von seiner Krankheit heilen und damit all jene Frauen retten könne, die fürchten mußten, eines Tages mit dem König vermählt zu werden.

Der Wesir versuchte seine Tochter mit allen möglichen Argumenten von ihrem Plan abzubringen und erzählte ihr die Geschichte von dem Esel, dem Stier und dem Ackermann, um folgendes Sprichwort anschaulich zu machen: »Wäre ich beim Nichtstun doch nur still gewesen, dann wäre keiner dieser zudringlichen Menschen gekommen und hätte meine

Ruhe gestört.« Doch er konnte noch so wüten und drohen, nichts half, Scheherazade von ihrem Vorhaben abzubringen. Was mochte sie nur im Sinn haben? Besiegt von so viel Hartnäckigkeit, den Tod im Herzen, ging der Vater zum König, um ihm die Neuigkeit mitzuteilen. Seine älteste Tochter, die junge Scheherazade, wollte, wenn er es wünschte, noch am selben Abend, seine Gemahlin werden ... und König Schahrijâr beeilte sich, das Angebot anzunehmen.

Ich war allein mit ihr;
kein Dritter leistete uns
Gesellschaft,
nur der Wein.
Die Nacht hatte ihre
Flügel entfaltet
und die Dunkelheit
sich herniedergesenkt.
Für immer und ewig
möchte ich mit diesem
jungen Mädchen
beisammen sein.
Doch sagt, ist es denn
ein Verbrechen,
leben zu wollen?
Ibn Hazm

Bevor Scheherazade das Haus ihres Vaters verließ, um sich in den Palast des Königs zu begeben, suchte sie ihre jüngere Schwester, Dinarzade, auf, um ihr ihren geheimen Plan mitzuteilen und sich ihrer Mitwirkung zu vergewissern, die unentbehrlich für dessen Gelingen war.

Dann kam die Nacht. Als die Vorspiele der Liebenden sich ihrem Ende näherten, fing die schöne Scheherazade zu weinen an und bat den König um eine letzte Gnade. Sie wünschte, daß man ihrer kleinen Schwester, Dinarzade, Zutritt zum königlichen Gemach gewähren möge, um ihr Lebewohl zu sagen, bevor der Morgen erwachte. Der König gewährte ihr diesen Wunsch. Kurz darauf erschien das junge Mädchen, setzte sich ans Fußende des Bettes und wartete geduldig. Als die Eheleute sich wieder ihren Liebkosungen hingaben, bat Dinarzade mit leiser Stimme, wie sie es mit ihrer Schwester verabredet hatte:

»Oh, meine Schwester, wenn du nicht schläfst, erzähle mir eine deiner schönen Geschichten, die uns halfen, unsere schlaflosen Nächte zu verbringen. Bevor die Dämmerung erwacht, werde ich dir Lebewohl sagen, denn ich weiß nicht genau, was dich morgen erwartet ...«

Und so bat Scheherazade den König:

»Erlaubst du mir, eine Geschichte zu erzählen?«

»Ja«, antwortete der König.

Darauf wandte sich Scheherazade voll geheimer Freude an ihre Schwester:

»Höre«, sprach sie zu ihr ...

Und sie erzählte bis zum Morgengrauen eine Geschichte, die so schön war, daß der König sie, als sie bei Tagesanbruch ihre Erzählung unterbrach, fragte, wie er es anstellen könne, die Fortsetzung zu hören.

»Was du gerade gehört hast«, gab ihm da die Erzählerin geschickt zu verstehen, »ist nichts im Vergleich zu dem, was ich dir in der nächsten Nacht zu erzählen gedenke ...,

Und so spann sie den Faden ihrer Geschichten fort, unterbrach ihn am Ende jeder Nacht, um ihn mit der Erlaubnis von König Schahrijâr in der folgenden Nacht wieder aufzunehmen ... Und so vergingen tausendundeine Nacht.
Tausendundeine Nacht

wenn ich am Leben bleibe und der König mir einen Aufschub gewährt, um damit fortzufahren.«

Angesichts der Reize der Erzählerin ließ sich der König leicht überzeugen.

Der Abend kam und die Nacht. Und alles geschah wie in der Nacht zuvor. Und tausend und eine Nacht spann Scheherazade unter den komplizenhaften Blicken von Dinarzade den Faden ihrer Geschichten ... Dann sprach sie zu Schahrijâr:

»O du König der Zeiten, o du einzigartiger König deiner Epoche und deines Jahrhunderts, wisse, daß ich deine Dienerin bin und daß ich dir während tausend und einer Nacht all die Berichte von jenen erzählt habe, die uns auf dieser Erde vorausgegangen sind, all die kurzweiligen Geschichten jener, die vor uns gelebt haben. Ich bitte dich nun, mir die Gnade zu gewähren, dem Tod zu entgehen, den du für mich vorgesehen hast.«

Der König dankte Gott für die Gaben, mit denen er Scheherazade bedacht hatte, rief seine Soldaten zusammen und verlieh seinem Wesir ein prunkvolles Ehrengewand, dessen Anblick allein Respekt gebot, und er verordnete ein großes, drei Tage währendes Fest in der Stadt. So lebten Schahrijâr und Scheherazade in Wohlstand, Freude, Glück und Frieden, bis sie getrennt wurden von »jenem, der das Gebäude der Glückseligkeit zerstört und die Zusammenkünfte zerstreut«.

Der Lastträger und die Damen

باربر و دلبران

O geneigter Leser, der du ohne jedes Vorurteil
die Freuden des Lebens genießt, der du die Süße der
Tage auskostest und die hohe Lebenskunst kultivierst,
fahre fort in deiner Lektüre . . .
Denn noch wunderbarer ist die nächste Geschichte.

Betörende, von Dichtern oft besungene Gerüche von Gewürzen, frischglänzendem Gemüse und verlockenden Früchten durchzogen die Märkte.

Es wird berichtet, daß einst zu Bagdad ein junger, armer Lastträger lebte. Er lag, wie es so seine Gewohnheit war, träge neben dem Eingangstor des Marktes, als eines Morgens eine vornehm gekleidete Frau von großer Schönheit ihn ansprach und ihn bat, sie während ihrer Besorgungen zu begleiten.

»O Tag des Glücks! Tag des Reichtums!« murmelte er und beeilte sich, ihr zu folgen.

Sie machten zunächst halt bei einem alten Christen, der der schönen Dame im Tausch gegen ein Goldstück einen Olivenkrug aushändigte, der in Wirklichkeit mit einem leichten, vorzüglichen Weißwein gefüllt war. Der Lastträger lud den Krug in seinen Korb und murmelte wieder:

»O Tag des Glücks! Tag des Reichtums! Tag der göttlichen Gnade . . .!«

Bei dem Stand eines Obsthändlers, der eine reiche Auswahl an Gemüse, Obst und Blumen bot, kaufte die Dame Äpfel mit heller Schale, Quitten aus der Türkei, Pfirsiche aus Chullan, Duftäpfel, Jasmin, Seerosen aus Syrien, feine Gurken, Limonen aus Marâkib, Früchte des Zedratbaums von

fürstlicher Qualität, weiße Rosen, Basilikum, Hennablüten, frische Kamille, Gewürznelken, Maiglöckchen, Lilien, Anemonen, Veilchen, gelbe Färberkamille, Narzissen und blühende Zweige des Granatapfelbaums. Darauf ging sie beim Metzger und beim Trockenfruchthändler vorbei, wo sie eine reiche Vielfalt an süßen und sauren Leckerbissen erwarb, die bei einer festlichen Tafel auf keinen Fall fehlen dürfen, und sie setzte ihre Einkäufe beim Gewürzhändler und zuletzt beim Zuckerbäcker fort, wo sie sich mit den mannigfaltigen Süßspeisen und Gebäckstücken, die sich in der Auslage befanden, versorgte.

Mit seinem schwerbeladenen Korb begleitete der Lastträger die Dame bis zu ihrem Haus. Bereits verwirrt durch die bisherigen Erlebnisse, wurde die Verwunderung des Lastträgers noch größer, als er im Türrahmen ein junges Mädchen von makelloser Schönheit erblickte. Wangen, hellrot wie Anemonen ... zarte Lippen, rotgolden glänzend, Zähne wie feine Perlen, eingefaßt von Korallen ... zwei Brüste wie zwei Granatäpfel ... und was den Körperteil betraf, nach dem jeder Mann sich sehnt ... so besang der verliebte Dichter ihn mit folgenden Worten:

»Schau den schönsten der Paläste,
Den Sonne und Mond von allen Seiten der Welt bestrahlen!
Schau dies Lavendelbeet und diese Blumen,
Die holden Spenderinnen des Glücks!« ...

Die junge Pförtnerin bat ihn einzutreten. Er sah vor sich einen riesigen Salon, reich geschmückt mit Teppichen, mit von Perlenschnüren verzierten Vorhängen und Truhen, auf denen sich schwere Stoffe und Wasserbecken fanden. Auf dem Ehrenplatz im hinteren Teil des Saales stand ein Bett, das auf Füßen aus Zypressenholz ruhte und mit einem Baldachin aus rotem Satin überspannt war. Aus diesem schaute ein Mädchen von ausgesuchter Schönheit hervor. Ihr Gesicht strahlte einen solchen Glanz aus, daß die Morgenröte bei dessen Anblick vor Eifersucht erbleicht wäre.

Nachdem der Lastträger seine wertvolle Last abgestellt hatte, erhielt er als Lohn ein Goldstück. Er war jedoch so sprachlos vor Staunen, daß er sich nicht entschließen konnte zu gehen. Da er sich das Festmahl vorstellte, dessen Vorbereitungen getroffen wurden, und da er sah, daß die drei schönen Damen allein lebten, wagte er zu sagen:

»Wie kommt es, daß Sie so allein leben, ohne die Gesellschaft eines Mannes, der Ihnen Ihr Leben erleichtern würde? Wissen Sie denn nicht, daß ein Tisch nur auf vier Beinen fest stehen kann? ... Und hat der Dichter nicht gesagt:

»Für eine wohlklingende Musik
sind vier Instrumente unentbehrlich:
Die persische Harfe, die Laute,
die Zither und das Flageolett.«

Laßt uns auf unsere geliebten Zauberinnen trinken,
auf ihre schönen, verführerischen Augen.
Möge bei deren funkelndem Glanz
die Schönheit sich in unser Glas ergießen!
Abû Nuwâs

Die Schläue des Lastträgers amüsierte die drei Schwestern sehr, und sie luden ihn daher sogleich ein, am Fest teilzunehmen. Aber sie stellten eine Bedingung: der Lastträger durfte niemandem auf der Welt auch nur das geringste von ihrem Treiben verraten. Die Hand auf dem Herzen, gab er sein Wort. Außerdem sollte er ihnen einen Wertgegenstand oder eine gewisse Geldsumme überlassen, denn »Liebe ohne einen Deut zählt keinen Deut«. Aber die jüngste der Schwestern, die Wirtschafterin, setzte sich für den jungen Mann ein und versicherte, daß sie seinen Anteil der Kosten übernehmen werde.

Als das Geschäftliche auf diese Weise geregelt war, wurden mit Leuchtern geschmückte Tische um das Wasserbecken gestellt, mit Karaffen und Gläsern gedeckt, und man trug große Obstschalen auf, während in der Küche alles, was für ein Festmahl in vergnügter Gesellschaft notwendig ist, zubereitet wurde: Gemüse und Salate, Pasteten, Fleischgerichte mit Honig und Getreide, Gebäck und Leckereien.

Als alles fertig war, begann die mittlere Schwester, die Vorsteherin, die Getränke zu servieren, und einer nach dem anderen leerte das Glas, das ihm eingeschenkt wurde. Der Lastträger glaubte zu träumen; er trank ein Glas nach dem anderen und huldigte dabei den Damen:

»Ich habe meiner Lieben einen Wein kredenzt, dessen Farbe
Der leichten Röte ihrer Wangen gleicht, einen reinen Wein,
Dessen knisternde Flamme entzündet wurde
Am glühenden Herd der Liebe.«

Dann fing er an zu tanzen und pikante Lieder mit zweideutigen Versen zu singen und mit den Schwestern ein tändelndes Spiel zu beginnen, zu küssen und zu scherzen, zu beißen und zu zwicken, zu streicheln und zu necken. Eine der Schwestern fütterte ihn mit kleinen Happen, die andere versetzte ihm zärtliche Puffe, die dritte gab ihm erlesene Parfums zu riechen und verwöhnte ihn mit Leckereien ... Kurz, er fand, daß das Leben unter solchen Bedingungen alles andere als langweilig war.

Die Schönheit der Aprikosen war eine Augenweide: Man hatte den Eindruck, als würden Edelsteine und Hyazinthen auf den Bäumen wachsen.
Tausendundeine Nacht

Bald stieg der Wein der ausgelassenen Gesellschaft zu Kopfe. Da zog die schöne Pförtnerin ein Kleidungsstück nach dem anderen aus und tauchte in das Wasserbecken, wo sie allerlei Späße trieb, bevor sie wieder herauskam und sich, tropfnaß und nackt, auf den Schoß des Lastträgers setzte. Um die Aufmerksamkeit des jungen Mannes auf ihren heißen Körperteil zu ziehen, legte sie ihre Hand darauf und fragte ihn:

»O lieber Herr, wie heißt man das?«

Der Lastträger schlug alle möglichen Antworten auf diese Frage vor, aber keine schien der schönen Pförtnerin zu gefallen. Schließlich verlor er die Geduld und fragte:

»O liebe Schwester, wie ist nun also der Name dafür?«

»Man nennt es: die Krauseminze des Kühnen ...« Alle lachten schallend und schenkten sich von neuem ein.

Darauf war die reizende Vorsteherin an der Reihe, ins Wasserbecken zu tauchen und das kleine Ratespiel mit dem Lastträger zu machen. Da er seinen Geist anstrengte, fielen ihm noch weitere Antworten ein, die aber alle als unangebracht oder schamlos empfunden wurden. Die drei Schwestern machten sich sehr über den Lastträger lustig und versetzten ihm Knüffe, bis die Vorsteherin sagte:

»Wie konntest du nur die Antwort nicht herausfinden! Wisse denn also, es heißt: der Samen des enthülsten Sesams! ...« »So sei es denn«, meinte der Lastträger und ergab sich in sein Schickal, dieselbe Behandlung noch ein drittes Mal über sich ergehen zu lassen, während die Gläser von neuem die Runde machten.

Als die dritte Schwester, die die älteste und auch die schönste war, sich ihrerseits in das Becken gleiten ließ, befanden sich die Sinne des Lastträgers in höchstem Aufruhr, was sich in folgendem Gedicht ausdrückte:

»O Taille, von solcher Vollkommenheit wie die deine!
Wenn ich sie mit einem biegsamen, zarten Zweig vergliche,
Würde ich dich verleumden und mein Gewissen
Mit einer unverzeihlichen Schuld beladen.
Denn der Zweig besitzt Schönheit nur dann,
Wenn er mit Blättern bekleidet ist,
Du aber bist am schönsten,
In deiner vollkommensten Nacktheit!«

Als die schöne Dame aus dem Becken kam und ihn ihrerseits dem Ratespiel unterzog, zeigte er sich ebenso unfähig, eine ihr genehme Antwort auf die gestellte Frage zu geben. Noch einmal mußte er sich geschlagen geben.

»Komm, liebe Schwester, sag mir schon, wie man es nennen soll ...«

»Wie konntest du nicht darauf kommen, es heißt: die Herberge des Abû Mansûr!«

Und es wurde weitergefeiert, bis der Lastträger seinerseits seine Kleider auszog und ins Becken sprang. Als er aus dem

Wasser kam, legte er sich über die Knie der schönen Damen und stellte nun ihnen das Rätsel. Auf sein Geschlecht weisend, fragte er die drei Gefährtinnen:

»O ihr Damen, könnt ihr mir sagen, was das ist?«

Um Revanche zu nehmen, lehnte er alle ihre Antworten ab, bis sie schließlich ihre Unwissenheit eingestehen mußten.

»Wirklich, ihr wißt es nicht?« erstaunte sich der Lastträger. »Nun gut! So wisset, daß man es beherztes Maultier heißt ...«

»Und warum ausgerechnet beherztes Maultier?« wollten die Schwestern wissen.

»Weil es die Krauseminze des Kühnen abweidet, den Samen des enthülsten Sesams verschlingt und sich dann in der Herberge des Abû Mansûr ausstreckt ...«

Nachdem die ausgelassenen Frauen beinahe erstickt wären vor lauter Lachen, wandten sie sich wieder ernsten Dingen zu, ohne jedoch dabei den Festschmaus zu vernachlässigen, den sie zubereitet hatten. Dann kam der Abend, der Lastträger wollte jedoch noch nicht gehen. Er vertrat sein Ansinnen mit so viel Nachdruck, daß ihm schließlich die Vorsteherin zu Hilfe kam: »Wer kann uns garantieren, daß wir noch lange genug leben, um eines Tages einen ebenso reizenden Mann wie ihn zu treffen?« Man kam also überein, daß er bleiben dürfe, jedoch unter der Bedingung, daß er keine Fragen stelle zu dem, was er sehen würde, und sich auch nicht in etwas einmische, was ihn nichts anginge, wie es auf dem mit goldenen Lettern über der Tür angebrachten Schild zu lesen stand: »Wer über Dinge redet, die ihn nichts angehen, wird Worte hören, die ihm nicht gefallen.«

Während die Kerzen und Lampions angezündet wurden, deren Wachs mit Ambra und Aloeholz versehen worden war, um die Luft mit süßen Düften zu erfüllen, bereitete die Vorsteherin ein erlesenes Abendessen zu. Der Abend verlief ruhiger als der vorausgegangene Tag, man saß zusammen und labte sich an den köstlichen Speisen, die auf den Tisch gebracht wurden. Als die Zeit der Getränke kam, wurden alle Arten von süßen Leckerbissen serviert, an denen sich die Frauen gütlich taten. Man trank, man tauschte Schmeicheleien und pikante Geschichten aus ...

Plötzlich, als es schon spät in der Nacht war, hörten die vergnügten Freunde ein Klopfen an der Tür. Die junge Pförtnerin ging nachschauen und kam mit freudiger Miene zurück: »Meine Schwestern, wenn ihr meine Meinung hören wollt, so wisset, daß wir eine Nacht von höchstem Genuß erleben werden, ja, eine Nacht, die wir in unserem Leben nicht vergessen werden!« Und sie begann die vor der Tür Wartenden zu beschreiben. »Es sind drei Vagabunden vom Orden der Qalandare, deren Köpfe kahlgeschoren und die zudem alle drei auf dem rechten Auge blind sind. Sie bitten um Herberge für eine Nacht. Ich versichere euch, daß jeder von ihnen so komisch ist und so eigenartige Manieren

Du, der du Gast bei diesem Festmahl bist,
strebe nicht nach dem Unmöglichen,
nach immerwährender Dauer der Geselligkeit.
Trinke zwei oder drei Gläser und ziehe von dannen!
Hafis

hat, daß sie selbst eine Mutter, die gerade ihr Kind verloren hat, zum Lachen bringen würden. Warum bitten wir sie nicht herein? Ihre Gespräche werden dieser einzigartigen Nacht in den Annalen unseres Lebens Würze verleihen.«

Alle waren einverstanden, die Bettelmönche aufzunehmen, und die junge Pförtnerin hieß sie daher eintreten. Nach der üblichen Begrüßung wiesen die Damen die Neuankömmlinge an, bei den Tischen Platz zu nehmen, und servierten ihnen Getränke und verschiedene Gerichte. Als die Bettelmönche schon einiges getrunken hatten, erbaten sie sich Musikinstrumente und begannen so laut zu singen, daß man sie im weiten Umkreis hören konnte. Bald klopfte es wieder an die Tür.

Die als Kaufleute verkleideten Besucher waren keine Geringeren als der Kalif Harun al-Raschid, sein getreuer Wesir Dscha'far und sein Schwertträger Masrûr, der Vollstrecker seiner Urteilssprüche. Wie er es häufig zu tun pflegte, hatte der Kalif einen nächtlichen Spaziergang durch die Viertel seiner Stadt unternommen und hatte, da er die

Nachdem sie erlesene Speisen gekostet und sich an einem frischen Mohrrüben-Orangen-Salat gütlich getan hatten, begaben sie sich in den Salon, wo Getränke und Süßigkeiten gereicht wurden (rechte Seite).

Musik und das Gelächter der Frauen hörte, Lust bekommen, an dem Fest teilzunehmen. »Versuche, uns Eintritt zu verschaffen, indem du zu einer deiner üblichen Listen greifst...«, hatte er zu seinem Wesir gesagt.

»Ich höre und gehorche!« hatte darauf der Minister geantwortet. Und der Wesir erfand eine jener Geschichten, auf die er sich so gut verstand. Es war eine unwahrscheinliche Geschichte, aus der hervorging, daß die reichen Kaufleute aus Mosul fürchteten, in die Hände der Polizei zu fallen, die im Haus eines in Bagdad wohnenden Geschäftsfreundes, bei dem sie zum Abendessen eingeladen waren, eine Hausdurchsuchung durchgeführt habe. Wie durch ein Wunder seien sie entkommen, doch sie könnten nun nicht mehr in die

... pistazienfarbenes Sorbet, dessen feines Aroma gut zu einem süßen Wein oder einem Sirup aus Rosenwasser paßt (oben).

Ein kräftiger Wein wird nun kredenzt,
der in unseren Gläsern funkelt.
Die Luft ist erfüllt vom Aroma des alten Weines,
golden lodert er im Glase wie Feuer.
Abû Nuwâs

Karawanserei, da deren Tore bis zum Sonnenaufgang geschlossen seien.

»Wenn ihr so gütig seid, uns unter euren Gästen aufzunehmen«, fügte der Wesir hinzu, »so werden wir auch nicht damit geizen, unseren Anteil an den Ausgaben des Festes in gut gewogener Münze zu zahlen.«

Von dieser Rede überzeugt und angetan von dem einnehmenden Verhalten der Kaufleute, ging die Pförtnerin zu ihren Schwestern, und diese ließen sich leicht erweichen durch das Unglück, das den Männern aus Mosul widerfahren war.

Sie wurden hereingebeten, da sie aber ganz fremd im Haus waren, mußten sie sich verpflichten, den in goldenen Lettern über der Tür angebrachten Spruch einzuhalten.

»Wir nehmen diese Bedingung an«, beeilte sich der Wesir zu versichern.

Die Neuankömmlinge nahmen also Platz in der versammelten Gesellschaft. Nachdem sie es sich auf Kissen bequem gemacht hatten, ließen die schönen Damen abermals den Krug kreisen, und die Bettelmönche griffen wieder zu ihren Instrumenten und sangen neue Lieder. Der Kalif war sehr verwundert über das seltsame Spektakel, das sich ihm bot, besonders über den Gegensatz zwischen den Gesichtern der drei Vagabunden, der Schönheit der jungen Frauen und dem Reichtum der Umgebung. Aber darauf bedacht, das beim Eintritt in das Haus abgelegte Schweigegebot nicht zu brechen, hielt er die Fragen zurück, die sich ihm aufdrängten. Und doch hatte er noch nichts gesehen ... Sein Erstaunen kannte keine Grenzen mehr, als die drei Schwestern sich einem seltsamen Ritual hingaben.

»Ja, die Zeit ist nun für uns gekommen, unsere Pflicht und Schuldigkeit zu tun! ...« sagte die Vorsteherin und ging auf einen Schrank zu, aus dem sie zwei große schwarze Hündinnen herausließ, um deren Hälse schwere Ketten gebunden waren. Dann griff sie zu einer Peitsche ...

Aber da die schöne Erzählerin den ersten Schimmer
der Morgendämmerung am Horizont gewahrte,
unterbrach sie ihre Geschichte.

Der Mann, der mit der linken Hand aß

مردی که با دست چپ غذا میخورد

O geneigter Leser, der du ohne jedes Vorurteil die
Freuden des Lebens genießt, der du die Süße der
Tage auskostest und die hohe Lebenskunst kultivierst,
fahre fort in deiner Lektüre . . .
Denn noch wunderbarer ist die nächste Geschichte.

Es wird berichtet, daß einst zu Kairo ein reicher, christlicher Kaufmann lebte, der den ägyptischen Kopten angehörte. Er hielt sich, wie es so seine Gewohnheit war, in den Getreidehallen auf, als ein junger Mann, von großer Schönheit und prachtvoll gekleidet, sein Pferd vor ihm anhielt und ihm anbot, seine beträchtliche Sesamernte für ihn zu verkaufen. Man wurde sich schnell einig über das Geschäft. Nachdem die Ernte verkauft war und einen Gewinn von fünftausend Silbertalern erbracht hatte, von denen fünfhundert für den Kaufmann bestimmt waren, ging der junge Mann fort und versprach, das Geld abzuholen, wenn er seine restliche Ernte verkauft habe. Als der Kunde mit dem ungewöhnlichen Geschäftsgebaren abgereist war, nahm sich der Kaufmann, noch völlig überrascht von der ihm widerfahrenen Großzügigkeit, vor, ihn das nächste Mal zu einem reichen Mahl einzuladen. Aber

Gewähre mir die Gnade, meine Fehler wiedergutzumachen: Was wäre die Macht, wenn sie nicht all jenen vergeben würde, die Unrecht begangen haben?
Tausendundeine Nacht

Wertvolle Stoffe aus Mosul, Juwelen, Parfums und allerlei Tand – beliebt vor allem bei den schönen Damen, die in den oberen Gesellschaftskreisen und in den abbasidischen Palästen verkehrten.

beinahe ein Jahr verging, ehe er den jungen Mann wiedersah.

Als dieser, herrlich gekleidet, als käme er aus einem Badehaus, zurückkehrte, lud der Kaufmann ihn zu sich ein und beeilte sich, auf dem Markt alles Notwendige für eine reichliche Bewirtung einzukaufen: Getränke, gefüllte Hühner und süße Speisen. Doch wie groß war sein Erstaunen, als er, nachdem er die mit Speisen gedeckten Tische aufgetragen hatte, sehen mußte, daß der junge Mann mit der linken Hand aß. Er sagte sich:

»Nur Gott allein ist wirklich vollkommen. Dieser junge Mann ist zwar freigebig und vertrauensvoll und von großer Schönheit, doch scheint er sehr hochmütig. So läßt er es aus Stolz an Ehrerbietung mir gegenüber mangeln und weigert sich, an meiner Tafel sich seiner rechten Hand zum Essen zu bedienen.« Nach Beendigung des Mahles goß der Kaufmann, bevor das Gebäck gereicht wurde, Wasser über die Hand des jungen Mannes und gab ihm eine Serviette. Da er sich nicht mehr zurückhalten konnte, fragte er ihn, warum er denn mit der linken Hand esse. Der junge Mann fing an zu weinen und sprach folgende Verse:

»Glaube nicht, ich hätte gewünscht,
Zu wählen zwischen zwei Frauen,
Und die eine bevorzugt vor der anderen.
Nicht ich hatte die Macht der Entscheidung.
Aber wenn die Notwendigkeit
Ihr eisernes Gesetz läßt walten,
dann ist es Klugheit, sich zu beugen
Jedem ihrer Beschlüsse.«

Er zog darauf den rechten Arm hervor, den er in seinem

Die Rose ist selbstsüchtig,
sie denkt nur an ihr eigenes Vergnügen.
Hafis

Gewand versteckt hatte – und siehe da, die Hand war am Handgelenk abgeschlagen. Mit Augen voller Tränen enthüllte nun der junge Mann dem Kaufmann sein Schicksal.

Der junge Mann erzählte, daß er in Bagdad aufgewachsen sei und nach dem Tod seines Vaters den Entschluß gefaßt habe, die Stadt zu verlassen. Er gedachte, nach Ägypten zu gehen, da er gehört hatte, daß man dort sein Glück machen könne, und wollte dort mit den wertvollen Stoffen aus Mosul Handel treiben. Als er in Kairo ankam, ließ er sich in der Karawanserei von Masrûr nieder, mietete Hallen, um seine Waren zu lagern, und begab sich mit einigen Proben seiner Stoffe auf den Bazar, um den Handel zu organisieren. Es war eine einfache Sache. Er verkaufte seine Ware in kleinen Partien an andere Kaufleute, von denen er sich Wechsel ausstellen ließ, die er wiederum den Geldwechslern übergab, dann kehrte er in die Karawanserei zurück. Dort verbrachte er ruhige Tage und genoß die alltäglichen Freuden. »Meine Mahlzeiten«, meinte er mit Feinschmeckermiene, »bestanden aus Hammelfleisch und Tauben, gefolgt von süßen Speisen und einem Getränk.« Zweimal die Woche brachte der Geldwechsler ihm das Geld, das er bei den Schuldnern einkassiert hatte.

Doch eines schönen Morgens, als er gerade mit einem Kaufmann in den Stoffhallen plauderte, erschien plötzlich eine reich gekleidete Frau auf der Schwelle des Ladens und erfüllte die Luft mit allen Wohlgerüchen. »Kaum hatte ich ihre Stimme vernommen, da war mein Herz in Liebe zu ihr entbrannt, und ein Begehren, ihr zu gefallen, keimte in mir.« Sie war eine dem Ladenbesitzer wohlbekannte Kundin und, nach dessen Aussage, die Tochter eines Emirs, der ihr nach seinem Tod ein großes Vermögen hinterlassen hatte. Da der junge Mann sich unsterblich in die schöne Dame verliebt hatte, versuchte er, sie ein wenig in dem Laden aufzuhalten, indem er mit ihr um den Preis eines Stoffes handelte, aber bald bat sie ihn, sie zu entschuldigen, und verschwand.

Doch schon am nächsten Morgen kehrte er in den Laden zurück, und die schöne Dame ebenfalls . . . unter dem Vorwand, den Stoff zu bezahlen, für den der Ladenbesitzer ihr Kredit gegeben hatte. »Ich heftete mich an ihre Seite, um einen Augenblick mit ihr zu plaudern«, erzählte der junge Mann, »und ließ sie durch meine Worte erahnen, wie sehr ich sie zu besitzen wünschte. Sie ließ mich spüren, daß sie mein großes Verlangen, an ihrer Seite zu schlafen, verstanden hatte.« Doch wiederum enteilte sie plötzlich, als befürchtete sie, der junge Mann könnte ihr im Beisein des Ladenbesitzers seine Gefühle erklären.

Als der junge Mann einige Zeit später in der Stadt umherging, sprach ihn eine schwarze Sklavin an und bat ihn, die

In der Morgendämmerung erhob ich mich, kleidete mich an und hinterließ unter ihrem Kopfkissen fünfzig Goldstücke in einem Seidentuch …
Tausendundeine Nacht

Freundlichkeit zu haben, zu der schönen Dame, ihrer Gebieterin, zu kommen.

»O mein Geliebter«, sprach die schöne Dame zu ihm, »von dem Augenblick an, als ich dich sah, hast du mein Herz eingenommen.« Und ohne weitere Reden schlug sie dem jungen Mann vor, sie am kommenden Freitag zu besuchen. Sie bewohnte ein prunkvolles Haus, das Haus ihres Vaters, des Emirs Barkut, der unter dem Namen Abu-Schama, »Mann des Keims der Schönheit«, bekannt war.

Als der Tag gekommen war, stand der junge Mann in der Morgendämmerung auf, kleidete sich mit ausgesuchter Sorgfalt, rieb sich mit wohlriechenden Ölen ein, besprengte sein Gewand mit Blumenessenzen und nahm fünfzig Goldtaler mit, die er in ein seidenes Tuch wickelte. Dann ging er durch die Straßen der Stadt zum Palast des Abu-Schama. Nachdem er eingetreten war, wurde er in einen riesigen Salon geführt, dessen zahlreiche Fenster auf einen Garten hinausgingen, der das Herz eines jeden Besuchers höher schlagen ließ: es wuchsen dort alle Arten von Blüten- und Obstbäumen, in denen Vögel zwitscherten und zwischen denen kleine Bäche rauschten. In der Mitte des Salons stand ein Springbrunnen, an dessen Ecken vier aus Rotgold gegossene Schlangen Wasser spieen, das aussah, als wäre es aus kostbaren Perlen und Edelsteinen.

Bald erschien die Dame, in prachtvolle Gewänder gehüllt. Lächelnd ging sie auf den jungen Mann zu und umarmte ihn zärtlich. Die Liebenden machten es sich auf Kissen bequem und plauderten, bis man ihnen auf einem Tisch die trefflichsten Speisen der Stadt servierte: Fleisch mit saurer Sauce, Hackbraten mit Eiern und Zwiebeln, gebackene Fische und mit gezuckerten Pistazien gefüllte Hühner. Sie taten sich an allen diesen Leckerbissen gütlich, dann wurde der Tisch weggetragen, und man brachte Wasser zur Reinigung der Hände und besprühte sie mit Rosenwasser, das mit Moschus gemischt war. Als der Abend kam, wurde der Wein kredenzt, und die Liebenden tranken bis in die Mitte der Nacht.

»Nun«, fügte der junge Mann hinzu, »ich blieb bis zum nächsten Morgen bei ihr, und nie in meinem ganzen Leben habe ich eine glücklichere Nacht erlebt.«

Am Morgen legte der junge Mann das Tuch mit den fünfzig Goldstücken unter ihr Kissen und brach auf. Die Dame begleitete ihn an die Tür und bat ihn, am nächsten Tag wiederzukommen und das Abendessen mitzubringen.

Als der Abend kam, begab sich der junge Mann wieder zu seiner Schönen, nicht aber, ohne vorher beim Speisenwirt haltgemacht zu haben, wo er ein gebratenes Lamm und andere Gerichte und natürlich Kuchen aller Art in Auftrag gegeben hatte. Der Abend und die Nacht verliefen genauso wie am Tag zuvor.

Und so geschah es, Abend für Abend, bis der junge Mann

plötzlich gewahr wurde, daß ihm kein Geld mehr verblieben war. Mit großem Erstaunen mußte er erkennen, daß er sein ganzes Vermögen in mit Goldstücken gefüllten Seidentüchern, erlesenen Speisen und Getränken verschwendet hatte.

»Ich sagte mir«, berichtete der junge Mann, »daß alles, was mir geschehen war, Satan getan hatte, um mich zu verderben.«

Und als er eines Morgens die Straße der zwei Paläste entlangging, eine Straße in Kairo, in der so großes Gedränge herrscht, daß man nicht vorankommt, ohne gegen andere Passanten gedrückt zu werden, erblickte er vor sich die Schnur einer Geldbörse, die aus der Umhängetasche eines Offiziers, der vor ihm ging, herausschaute. »Und Satan versuchte mich«, fuhr der junge Mann fort. »Ich zog an der Schnur, die aus der Tasche hing, und siehe da, an der Schnur hing ein feiner blauseidener Beutel voll klingender Münze.« Aber der Offizier bemerkte den Diebstahl sogleich ... Er drehte sich um und schlug den jungen Mann mit solcher Kraft, daß dieser ohnmächtig zu Boden fiel. Eine Menschenmenge bildete sich um ihn und zog die Aufmerksamkeit des Statthalters an, der eben zu dem Zeitpunkt mit seinen Offizieren und Scharfrichtern ganz in der Nähe weilte. Man entdeckte die Geldbörse bei dem jungen Mann, und der Statthalter befahl ärgerlich, den auf frischer Tat Ertappten abzuurteilen. Der junge Mann konnte nicht umhin, seine Schuld einzugestehen. Der Statthalter rief Leute herbei, die sein Geständnis bezeugten, und gab dann dem Scharfrichter den Befehl, die rechte Hand des Diebes abzuschlagen.

Der Offizier, der Mitleid mit einem so schönen jungen Mann empfand, der alles hatte, um zu gefallen, überließ ihm seine Geldbörse, während die anderen Umstehenden ihn zu trösten versuchten und ihm zu trinken anboten. Nach diesem schrecklichen Ereignis ging er zu dem Haus, in dem seine Schöne wohnte.

Nachdem er in den Salon geführt worden war, ließ er sich auf dem Diwan nieder, doch er wirkte so blaß und elend, daß die Dame sich besorgt über seinen ermatteten Zustand zeigte und ihm mit Fragen zusetzte, um zu hören, was ihm widerfahren war. Er getraute sich nicht, ihr die Wahrheit zu gestehen, und so gab er vor, daß die Blässe seines Gesichtes von schrecklichen Kopfschmerzen herrühre. Am Abend lehnte er es ab, die servierten Speisen zu kosten, denn er hätte mit der linken Hand essen müssen. Doch er konnte nicht umhin, ein Glas Wein anzunehmen, das er mit der linken Hand faßte. Tief beunruhigt, nutzte die schöne Dame den Schlaf des jungen Mannes aus, in den er, berauscht vom Wein, gefallen war, um den Ärmel seines Gewandes zurückzuschieben. Als sie seine in der Höhe des Handgelenks abgehauene Hand entdeckte, erfaßte sie tiefer Kummer. Am nächsten

Du hattest mir drei Küsse versprochen:
Erlaube mir, sie einzulösen, bevor du es bereust.
Nein, ich hätte nicht gedacht, schöner Stern im schwarzen Auge,
daß die Sterne die Koketterie von Gazellen besitzen.
Khosrovâni

Lob des Spargels

Wir besitzen Lanzen, deren Spitzen sich krümmen: sie
sind geflochten und gewunden wie ein Seil.
Jedoch schön und ohne Knoten; ihr Kopf ragt über
ihrem Stengel hervor.
Wie Pfeiler in die Erde gepflanzt, wurden sie von der
Hand des einzigen und ewigen Schöpfers bekleidet
Mit einem seidigen Stoff, gleich dem Sundus[1], der den
Mantel bedeckt.
Ein schönes, glühendes Rot ist ihre Farbe.
Es gleicht einer Wange, auf der eine ärgerliche Hand
ihren Abdruck hinterlassen hat.
Sie sind miteinander verschlungen wie die Ringe eines
Kettenhemdes, ein goldenes Netz formend.
Man könnte glauben, einen mitraf[2] vor sich zu haben.
Ach! Wenn sie nur auch seine Dauer besäßen!
Manchmal erscheinen sie uns wie die Fassung von
Perlenringen.
Eine köstliche Sauce ergießt sich über sie und umwogt
sie.
Öl bedeckt sie mit einem Schaumgewebe und bildet, in
ihre Stengel einziehend, Zöpfe aus Gold und Silber.
Ein Gläubiger, ein ehrwürdiger Gelehrter, würde sich
beim Anblick dieses köstlichen Gerichts höflich
verneigen und sein Fasten brechen.

Machmud Ibn-al-Husein, genannt Kuschadschîm

[1] *Seidenbrokat*
[2] *Schal*

Morgen bereitete sie ihm eine Kraftbrühe, in der sie fünf Hühner hatte kochen lassen, und verwehrte ihm, nachdem er ihr die vom Offizier erhaltene und mit Goldstücken gefüllte Geldbörse überreicht hatte, wegzugehen, wie es sonst seine Gewohnheit war.

»Du hast mir eine so starke Liebe entgegengebracht«, sagte sie, »daß du dein ganzes Vermögen verschwendet hast, um mir zu gefallen. Zuletzt hast du dir sogar lieber die Hand vom Scharfrichter abschlagen lassen, als mich zu verlieren. Du sollst daher jetzt und alle Zeiten mein Gebieter sein, und ich will nicht anders sterben als unter deinen Füßen.«

Und sie leitete sogleich alle Schritte ein, um den Ehevertrag zu schließen. Der junge Mann zog also in ihr Haus ein, doch während er nach und nach wieder zu Kräften kam, ward die schöne Dame krank, so sehr bekümmerte es sie, den Auserwählten ihres Herzens seiner rechten Hand beraubt zu sehen. Und nach einigen Wochen schon verschied sie.

»Das ist meine traurige Geschichte«, sagte der junge Mann zum Kaufmann. »Nun weißt du, warum ich mich meiner linken Hand beim Essen bediene.«

Dann erklärte er ihm, daß die Sesamernte, die er ihn zu verkaufen gebeten hatte, aus den Ländereien ebendieser schönen Dame stammte, die sie ihm vermacht hatte. Er bedankte sich für die Gastfreundschaft, die er im Haus des Kaufmanns genossen, bat ihn, das Geld für den Sesam als Geschenk anzunehmen, und schlug ihm vor, ihn von nun an auf seinen Reisen zu begleiten. So geschah es, daß die Geschäfte die beiden Reisenden eines Tages über Syrien, Mesopotamien und Persien bis zum Kaiser von China führten, wo der Kaufmann seinerseits ein schreckliches Abenteuer wegen eines Buckligen erleben sollte, der niemand anderer war als der Narr des Königs . . .

Aber da die schöne Erzählerin den ersten Schimmer
der Morgendämmerung am Horizont gewahrte,
unterbrach sie ihre Geschichte.

Der duftende Genuß eines mit Pistazienkernen
gefüllten Hühnchens ist ein wahres Gedicht und fähig,
das Herz einer Schönen zum Schmelzen zu bringen.

Die Favoritin des Kalifen

سوگولی خلیفه

O geneigter Leser, der du ohne jedes Vorurteil
die Freuden des Lebens genießt,
der du die Süße der Tage auskostest
und die hohe Lebenskunst kultivierst,
fahre fort in deiner Lektüre . . .
Denn noch wunderbarer ist die nächste Geschichte.

Es wird berichtet, daß einst zu Damaskus ein reicher Kaufmann lebte, der im Laufe seiner vielen Reisen, die ihn in unzählige Länder führten, ein großes Vermögen angesammelt hatte. Als ihn aber jener holen kam, der die Freuden zerstört und all jene trennt, die zusammen sind, führte ihn seine letzte Reise in die ewigen Gefilde, wohin man keines der irdischen Güter mitnehmen kann. Sein Sohn Ghânim, kaum achtzehn Jahre alt und von einer Schönheit, dem Monde gleich in der Nacht seiner Fülle, wollte die Geschäfte seines Vaters übernehmen und auch seinen letzten Auftrag, dreihundert eigens angefertigte Stoffballen nach Bagdad zu liefern, ausführen. Ghânim hörte nicht auf das Flehen seiner Mutter, die es zutiefst bekümmerte, daß ihr Sohn sie verließ und eine so weite Reise unternahm. Er bereitete seine Abreise vor und machte sich mit einer Karawane von Kaufleuten auf den Weg nach Bagdad. Als er die Stadt von ferne sah, kamen ihm jene poetischen Verse, die den Reizen der Stadt huldigen, in den Sinn:

»Stadt, die du voll Ruhe in allen deinen Vierteln
Und von großer Sicherheit für deine Bewohner bist,
Stadt, die du ohne jede Einschränkung
Jedem das höchste Wohlleben gewährst.
Stadt, die du wie ein Paradies erstrahlst
Im Glanz der Farbenpracht deiner Gewächse,
Die du wie ein Paradies mit deinen Gaben
Jeden verschwenderisch bedenkst, der in dir weilt.«

Nachdem er seine Ware in einer Karawanserei untergebracht hatte, begab er sich in ein öffentliches Badehaus, gefolgt von zwei Dienern, die sein Gepäck trugen: der erste hatte ein sauberes, in eine Decke eingeschlagenes Gewand dabei, der zweite einen Teppich, ein Kissen und all die Kleinigkeiten, die für den Besuch eines Bades vonnöten sind. Gewaschen, parfümiert und neu gekleidet, stärkte er sich mit einer Fleischsuppe, hielt eine kurze Mittagsruhe, um sich zu erholen, und nahm dann zur Stunde, als die Sonne am Horizont unterging, eine Abendmahlzeit zu sich, die er mit altem Wein beschloß. Ghânim genoß diese für ihn völlig neue Art des Lebens. Als er auf diese Weise einige Tage verbracht hatte, beschloß er, zum Markt zu gehen, um dort die Freunde seines Vaters zu treffen und die Geschäfte abzuschließen, die das eigentliche Ziel seiner Reise waren. Nachdem der Handel getätigt war, entschied er, da er das Leben in Bagdad äußerst angenehm fand, nicht sogleich nach Damaskus zurückzukehren, sondern seinen Aufenthalt noch etwas zu verlängern. Er mietete ein großes Haus, umgeben von Gärten, in denen Bäche rauschten, und brachte seine Tage einzig und allein damit zu, die Freuden des Lebens zu genießen.

Doch eines schönen Tages, als er sich wie gewöhnlich in die Straße der Kaufleute begeben hatte, um dort seine Freunde zu treffen, fand er die Straße menschenleer. Die Lagerhäuser und Geschäfte waren geschlossen, da einer der Kaufleute gestorben war und die anderen seiner Beerdigung beiwohnten. Als Ghânim erfuhr, daß der Verstorbene ein Freund seines Vaters gewesen war, den auch er sehr geschätzt hatte, beschloß er, zum Begräbnis zu gehen und sich dem Trauerzug anzuschließen, der der Bahre des Verstorbenen zu dessen Grabstätte folgte. Am Friedhof sah er, daß neben der Grabstätte Zelte errichtet waren, um, wie es so Sitte war, den Scheichs und jenen, die den Toten auf dem Weg zu seiner letzten Ruhestätte begleitet hatten, nach der Bestattung ein Abendmahl anzubieten.

Aber aus Angst, von der Nacht überrascht zu werden und in die Hände von Räubern zu fallen, wollte Ghânim nicht zu lange bei den Trauergästen verweilen und machte sich bald auf den Weg in die Stadt. Doch da er die Gegend nicht kannte, verirrte er sich, und als er schließlich das Stadttor erreichte, fand er es verschlossen. So verbrachte er die Nacht unter freiem Himmel in der Nähe des Friedhofs.

Während er vergeblich versuchte, Schlaf zu finden, wurde seine Aufmerksamkeit von einer seltsamen Gruppe angezogen, die sich auf den Friedhof zubewegte. Der erste der drei Männer leuchtete mit einer Laterne den Weg, während die beiden anderen eine Kiste schleppten, die sie auf dem Totenacker vergruben. Ganz aufgeregt bei dem Gedanken, die Kiste könnte irgendeinen Schatz enthalten, wartete Ghânim, bis die drei Männer wieder in der Nacht verschwunden waren, und beeilte sich, die Truhe auszugraben. Da er sie verschlossen fand, brach er das Schloß mit Gewalt auf, öffnete den Deckel und entdeckte zu seinem großen Erstaunen, daß in der Kiste ein reich gekleidetes, junges Mädchen lag.

»Gelobt sei Allah, der sie so schön geschaffen hat! Sie könnte die Sonne bei ihrem Aufgang aus Scham erröten lassen!« rief Ghânim aus und bemerkte, daß das junge Mädchen nicht tot war, sondern nur durch die Einwirkung eines Betäubungsmittels in tiefem Schlafe lag.

Als es ihm gelungen war, sie aus ihrem Schlaf zu wecken, beruhigte Ghânim das schöne Mädchen. Sie bedankte sich bei ihm, daß er ihr das Leben gerettet hatte, und bat ihn, sie heimlich in der Kiste in sein Haus zu bringen, denn sie befände sich in höchster Lebensgefahr, würde sie von Vorbeikommenden erkannt. Nachdem die wertvolle Kiste von den Trägern zu Ghânims Haus gebracht worden war, stieg das junge Mädchen aus ihrem Versteck hervor, legte sich auf den Diwan, der mit einem Überwurf aus indischer, mit Gold durchwirkter Seide und Kissen aus einzigartigem Satin bedeckt war, und lüftete ihren Schleier. Die beiden jungen Leute betrachteten sich darauf voll Neugier und beide waren gleichermaßen angetan von der Schönheit des anderen. Die Anwesenheit einer Frau von so hohem Rang in seinem Hause erregte und verwirrte Ghânim, der noch keine Erfahrung auf diesem Gebiet gesammelt, noch nie die Liebe kennengelernt hatte. So wußte er auch nicht, wie er das schöne,

Schlanker Wuchs und schönes Gesicht, das ist meines Herzens Begehren; aber du besitzt etwas anderes noch, etwas weit Reizvolleres. Spreche ich mir dir, bezauberst du mein Herz; doch zeigst du keine Anhänglichkeit. O du Treulose! Wieviel Herzblut vergieße ich wegen dir!
Homâm

junge Mädchen bewirten sollte. Er wollte ihr aber ein Mahl bieten, das eines hohen Gastes würdig wäre. Daher begab er sich in Begleitung seines Dieners zu einem der besten Wirte der Stadt, dem er zwanzig Goldstücke gab, damit dieser ihm jeden Tag ein Mahl wie für einen König in sein Haus liefern sollte. Darauf ging er zum Obsthändler, kaufte dort die besten Früchte, die er seinem Diener zum Tragen gab, und besorgte auch noch Brot, Wein, Blumen und Duftessenzen, bevor er nach Hause zurückkehrte.

Als Ghânim dem jungen Mädchen Früchte anbot, entdeckte er, daß der von dem Mädchen getragene Schleier eine golden gestickte Inschrift trug: ›Ich gehöre dir und du gehörst mir, o du Abkömmling des Gesandten Gottes und sein Nachfolger.‹ Ghânim verstand sogleich, daß der glückliche Auserwählte niemand anderer sein konnte als der Kalif Harun al-Raschid und daß unter diesen Umständen ihrer beider Liebe unmöglich war. Er versank in tiefe Melancholie und konnte nicht umhin, seinem Schmerz Ausdruck zu verleihen:

»Du, die ich liebe mit einer Liebe,
Deren unbezwingliche Kraft mich beherrscht,
Wie der Wein, den man eingießt,
Der sich mit dem Glas vermählt, das ihn empfängt.
Hat die Stunde der Trennung, die ich so sehr gefürchtet,

Sag, hat diese Stunde geschlagen?
Du, die ich liebe mit einer Leidenschaft, die haftet
Wie eine dicke Flüssigkeit an den Wänden meines Körpers!«

Um seinen Kummer zu lindern, erzählte ihm das Mädchen daraufhin seine Geschichte.

»Ja, ich bin die Favoritin des Kalifen«, sagte sie, »und mein Name ist, nach der Weissagung eines Astrologen meines Vaters, Kût el-Kulûb, die Verführung. Ich kam sehr jung in den Palast des Kalifen, wo ich in allen Künsten, dem Lesen und Schreiben ebenso wie in den Naturwissenschaften und in der Musik unterrichtet wurde. Es geschah aber, daß der Kalif in großer Liebe zu mir entbrannte, mich in den Gemächern, die neben den seinen lagen, unterbrachte und mich mit den größten Ehren und kostbarsten Geschenken überhäufte. Seine Gemahlin aber, die Fürstin Zubaida, die von ihrem Gatten keineswegs vernachlässigt wurde, sondern vielmehr ebenfalls mit den höchsten Ehrbezeugungen und tiefster Zuneigung bedacht wurde, mehr als jede andere im Harem, war von zehrender Eifersucht mir gegenüber ergriffen. Als der Kalif eines Tages eine Reise an die Grenzen seines Reiches machte, nutzte sie seine Abwesenheit, um ihren Plan, den sie seit langer Zeit geschmiedet, auszuführen und sich meiner zu entledigen. Du kennst die Fortsetzung ... Doch du mußt all dies im Geheimen deines Herzens bewahren«, fügte die schöne Konkubine hinzu, »sonst würdest du uns beide der Verfolgung der Fürstin Zubaida aussetzen, solange der Kalif nicht von seiner Reise zurückgekehrt ist.«

Nun versuchte Ghânim seinerseits die junge Frau zu besänftigen: »Ich bin dein Sklave und der Gefangene deiner Liebe. Aber was dem Herrn gehört, das darf der Knecht nicht begehren. Ich wünsche mir nur eines, wenn du in Gnaden zurückgekehrt bist: daß du mich nicht vergißt, mich, deinen Sklaven, darum möchte ich dich bitten ...«

Und die beiden jungen Leute fuhren fort, sich gegenseitig ihre Liebe zu beteuern, so sehr waren ihre Herzen zueinander entbrannt. Dann brachte man ihnen zu essen. Ghânim stellte den Tisch vor Kût el-Kulûb und mit den Worten, daß der Knecht nicht an der Tafel des Herrn speisen dürfe, setzte er sich zu ihren Füßen, um sie mit Speisen und Getränken zu bedienen. Nach dem Ende der Mahlzeit deckte er den Tisch ab und trug Früchte, Gebäck und Wein auf.

Während Kût el-Kulûb ein wenig ruhte, ging Ghânim auf den Platz, wo man Sklaven verkaufte, und erwarb zwei Sklavinnen, die er in die Dienste von Kût el-Kulûb stellte. Als der Abend kam, stellte Ghânim Silberleuchter mit Kerzen auf, bestückte sie mit Kampfer und zündete sie an. Und die beiden jungen Leute nahmen ihr Liebesgeplauder wieder auf. Kût el-Kulûb hielt ihre Liebe, die sie für Ghânim empfand, nicht mehr zurück, so daß dieser sich gezwungen sah, sich von ihr zurückzuziehen:

»O meine Geliebte«, sagte er wieder, »was des Herrn ist, darf der Knecht nicht begehren.«

Lob des Zuckerreis (Arusa)

Wie köstlich ist das Gericht von
Zuckerreis, das uns ein junger Koch
bringt, schön wie der Mond inmitten
des Himmelszeltes!
Der Reis, reiner als der Schnee, wurde
von den Winden und Tautropfen mit
einem doppelten Gewand bekleidet.
Auf einer Platte aufgehäuft in langen
Bahnen, hat er die Weiße von Milch.
Sein Glanz blendet das Auge; man glaubt
den leuchtenden Mond vor der
Stunde der Morgendämmerung zu
sehen.
Der auf seine Ränder gestreute Zucker
funkelt wie ein erstarrter Lichtstrahl.

Hafis Dimaschqi

Als das Abendessen aufgetragen wurde, setzten sich beide an den Tisch und aßen und tranken, bis sie satt waren. Danach trugen die beiden neu erworbenen Dienerinnen den Tisch fort, um jenen mit den Früchten und dem Wein aufzutragen.

»Mein Freund, ohne Gesang verliert der Wein seinen Geschmack«, meinte Kût el-Kulûb. Daher fingen sie abwechselnd an, Verse zu dichten und zu singen, während sie ihre Gläser leerten. Als die Zeit zum Schlafengehen gekommen war, ließ Ghânim die junge Frau mit ihren beiden Sklavinnen in seinem Schlafgemach ruhen, er selbst schlief anderswo.

So vergingen auch die nächsten Tage, nur daß ihre Liebe noch stetig wuchs. Die beiden jungen Leute, darauf bedacht, ihre Abmachung einzuhalten, verhielten sich wie Bruder und Schwester zueinander und genossen die Freude des Zusammenseins sowie die erlesenen Mahlzeiten, die sie in der Art der Hofdichter zelebrierten.

Währenddessen veranstaltete die Fürstin Zubaida, die keinen Augenblick daran zweifelte, daß die schöne Kût el-Kulûb tot sei, mit Hilfe einer alten, einfallsreichen und listigen Amme eine makabre Beerdigung, um den Kalifen bei seiner Rückkehr von ihrer Unschuld und ihrem tiefen Kummer über den Tod seiner Favoritin zu überzeugen. Der ganze Palast trug Trauer, und die Stadt erfuhr auf diese Weise vom Tod der Kût el-Kulûb.

Der König kehrte frohen Herzens und voller Stolz angesichts seines Sieges über einen mächtigen feindlichen König zurück. Doch als er die Nachricht vom Tod seiner Lieblingskonkubine erfuhr und das Mausoleum sah, das die Fürstin Zubaida im Innenhof des Palastes hatte errichten lassen, brach er in lautes Wehklagen aus und setzte sich an ihrem Grab nieder und blieb dort dreißig Tage lang, ohne zu essen und zu schlafen. Doch eines Tages händigte ihm eine der beiden Sklavinnen von Kût el-Kulûb heimlich ein Schreiben ihrer Herrin aus, in dem sie ihm in allen Einzelheiten ihr Unglück schilderte, aber auch – mehr als es sich geziemte – die Tugenden desjenigen rühmte, der ihr das Leben gerettet hatte. Das war zuviel! Den König ergriff ein heftiger Zorn:

»Ich bin hintergangen worden! Wer wagt es, Kût el-Kulûb so zu lieben, wie ich sie geliebt habe! Ich verbringe Tag und Nacht damit, ihren Verlust zu beweinen und zu wehklagen, und sie macht sich währenddessen eine schöne Zeit mit einem Erdenwurm!« Sofort rief er seinen Wesir Dscha'far zu sich und befahl ihm, die beiden Liebenden zu suchen, die er eigenhändig zu bestrafen wünschte. Doch als der Wesir in Begleitung seiner mit Säbeln bewaffneten Leute zu Ghânims Haus gelangte, entkam dieser mit Kût el-Kulûbs Hilfe als schwarzer Küchenjunge verkleidet, Gesicht und Hände mit Ruß eingerieben. Dscha'far jedoch drang ins Haus ein und nahm Kût el-Kulûb gefangen …

Aber da die schöne Erzählerin den ersten Schimmer der Morgendämmerung am Horizont gewahrte, unterbrach sie ihre Geschichte.

Da aber erbleichte Sirius,
und die Plejaden kündigten den Morgen und die Wirklichkeit an.
Abû Nuwâs

Lob der Gaumenfreuden

Wenn unser Appetit erwacht, erwartet uns ein wohlgedeckter
Tisch;
Ein erfahrener Küchenchef hat ihn mit allen Raffinessen seiner
Kunst geschmückt
Und bringt ihn uns, mit den erlesensten Speisen beladen.
Da ist zunächst ein Ziegenbraten, die Innereien fest verknotet,
Und um diesen Braten gebreitet ein Bund von Pfefferminz und
Estragon.
Dort ein schmackhaftes Huhn, eine lange Zeit gemästet;
Ein Rebhuhn und eine Poularde, mit größter Sorgfalt in der
Pfanne frikassiert;
Dann eine gebackene Fleischpastete, die auf eine Tardinah[1] folgt;
Rote Eier, neben Oliven plaziert;
Wast[2], in Scheiben geschnitten und mit kaltgepreßtem Öl
begossen,
Die den Appetit anregen und die Begierden eines übersättigten
Magens wieder wecken;
Eine süße Limone, bestreut mit Nadd[3] und parfümiert mit Ambra;
Pikanter Käse, eine unentbehrliche Beilage des Wast;
Essig, dessen scharfer Geschmack die Nase feucht und die
Stimme näselnd macht;
Kleine, grüne Datteln, die den Perlen gleichen, die die Schönen
mit den biegsamen Hüften an ihren Ketten tragen;
Eine Aubergine à la Sauce Bûran, die dich begeistern wird;
Spargel, weil ich weiß, daß du sie deliziös findest,
Mandelnougat, der unter Butter und Zucker verschwindet.
Und hier ist der Mundschenk: welche Liebesverheißungen in
dem Grübchen, das sein Kinn schmückt!
Welche Wachheit in seinem Blick und welch süße Sehnsucht in
seinen Augen!
Und die Turteltaube[4] wird dir Melodien singen, die noch keine
Stimme je gesungen hat:
Mitleid mit einem betrübten Liebhaber, der voller Trauer in der
Ferne weilt.
Wenn du nicht siehst, daß er für den Taumel der Liebe
geschaffen ist, dann ist dir nicht zu helfen.

Kuschadschîm

---

[1] *süßes Gebäck*
[2] *eine Art Sandwich*
[3] *Nadd ist eine duftende Essenz, eine Mischung aus Aloe, Ambra und Moschus*
[4] *gemeint ist eine Musiksklavin*

Eine glückbringende Speise

مربای خوشبختی زا

O geneigter Leser, der du ohne jedes Vorurteil
die Freuden des Lebens genießt, der du die Süße der
Tage auskostest und die hohe Lebenskunst kultivierst,
fahre fort in deiner Lektüre . . .
Denn noch wunderbarer ist die nächste Geschichte.

Es wird berichtet, daß einst Bedr ed-Dîn Hasan, der Sohn des Wesirs von Basra, Nûr ed-Dîn, auf dem Friedhof am Grab seines Vaters eingeschlafen war, dessen Tod er viele Stunden beweint hatte. Da flog ein Dämon an ihm vorüber, der den Totenacker als seine Heimstatt erwählt hatte und der, wie es so seine Gewohnheit war, einen nächtlichen Flug durch die Lüfte unternahm. Beim Anblick des schlafenden Hasan ergriff ihn großes Staunen ob dessen makelloser Schönheit, die eigentlich nur den Huris vorbehalten war, und er konnte seinen Blick lange Zeit nicht von ihm abwenden. Darauf flog er wieder himmelwärts und kreiste durch die himmlischen Gefilde, bis er auf eine Dämonin traf, der er sofort von seiner Entdeckung berichtete. Jene schilderte ihm daraufhin die außergewöhnliche Schönheit eines jungen Mädchens, des Wesirs Schems ed-Dîns Tochter, die auf den Namen Sitt el-Husn, Herrin der Schönheit, höre und deren Reize sie ihrerseits lange Zeit in Kairo betrachtet habe. Dann erzählte sie dem Dämon das Unrecht, das man deren Schönheit angetan und dessen Opfer das junge Mädchen geworden sei: ihr Vater, der Wesir von Kairo, mußte sie eben an jenem Tage auf Befehl des Sultans mit einem schrecklichen Buckligen verheiraten, da er es abgelehnt hatte, seine Tochter dem Sultan zur Frau zu geben, um die mit seinem Bruder, dem Wesir Schems ed-Dîn, getroffene Vereinbarung, ihre beiden Kinder miteinander zu vermählen, nicht zu brechen.

Der Mundschenk, in persischer Tracht, . . .
Unermüdlich schenkt er den Gästen ein. Abû Nuwâs

Die beiden Dämonen, fest entschlossen, ein solches Unrecht zu sühnen, dachten sich einen Plan aus, wie sie den schrecklichen Buckligen durch Hasan ersetzen und so dem jungen Mädchen den Gemahl zuführen konnten, der ihr versprochen war.

So flogen die Dämonen mit Hasan zum Stadttor von Kairo, weckten den jungen Mann, gaben ihm eine brennende Fackel in die Hand und empfahlen ihm,

Der Hochzeitszug geleitete mich zur jungen Braut,
so fromm und keusch und rein wie Gold.
Abû Nuwâs

ihre Ratschläge den ganzen Abend lang zu befolgen. Hasan begab sich zunächst zum öffentlichen Badehaus und mischte sich unter das Gefolge, das den Buckligen am Ausgang erwartete, um ihn zum Haus seiner Braut zu führen. Hasan aber warf den Musikanten und Tänzern, die den Zug anführten, großzügig Geldstücke zu, denn so oft er in seine Tasche griff, fand er sie gefüllt vor. Da er sich auf diese Weise die Gunst der Musikanten erworben hatte, gelangte er ohne Schwierigkeiten in den Festsaal und nahm dort zur Rechten des Buckligen auf der Ehrentribüne Platz. Die Dienerschaft hatte nur Augen für ihn, während der Bucklige, eine lächerliche Figur in seinem Festtagsgewand, zum Opfer des allgemeinen Gespötts wurde. Dann erschien die Braut, begleitet von ihren Kammerzofen, die sie mit duftenden Essenzen eingerieben hatten, so daß sie die erlesensten Wohlgerüche verströmte. In ihr Haar waren kleine durchlässige, mit Moschus gefüllte Säckchen eingeflochten, und ihre Kleider waren mit Aloe und Ambra beräuchert. Um den Hals trug sie ein kostbares Geschmeide aus wertvollen Steinen, das zu tragen noch niemand vor ihr das Vergnügen gehabt hatte. Hasan war wie geblendet von ihrem Anblick und konnte seine Augen nicht von dem Gesicht des jungen Mädchens lassen, dessen Glanz noch verstärkt wurde vom Rot ihres Atlaskleides. Und während der ganzen Zeremonie starrte Hasan die Braut, wenn sie auf der Tribüne erschien, wo er neben dem Buckligen saß, wie gebannt an, doch vergaß er dabei nicht den Rat der Dämonen, mit vollen Händen Geldstücke unter die Musikanten zu werfen. Das junge Mädchen erschien dem Brauch gemäß in sechs verschiedenen Brautgewändern, das Kleid ihres ersten Auftretens nicht mitgerechnet.

Als die Zeit für das Paar gekommen war, sich ins Brautgemach zu begeben, folgte ihnen Hasan in den Alkoven, treu die Ratschläge der Dämonen befolgend, die über die genaue Ausführung und das Gelingen ihres Planes wachten. Doch als der unglückliche Bucklige hinausging, um ein natürliches Bedürfnis zu befriedigen, wurde er von dem Dämon, der sich in einen mächtigen Büffel verwandelt hatte, mit dem Kopf in der Schüssel festgehalten.

Wie die schöne Braut Hasan im Alkoven erblickte, entfuhr ihr ein Schrei:

»O mein Geliebter, welches Glück! Gott ist mein Zeuge, daß es mein sehnlichster Wunsch war, dir beizuwohnen. Du erfüllst meine geheimsten Träume! Nimm mich, nimm mich in deine Arme und drücke mich an deine Brust und beglücke mich!« Hasan legte seine Kleider ab, nur ein Hemd und eine Kappe behielt er an. Und die Geliebten umarmten sich viele Male.

Doch wie die beiden Dämonen es vereinbart hatten, holten sie Hasan vor Anbruch des Tages, stiegen mit ihm in die Lüfte und flogen ohne Pause bis zu dem Augenblick, in dem Allah – Sein Name sei gelobt und gepriesen – den Lichtfluten der Morgenröte erlaubte, ihre Schranken zu durchbrechen und sich über die Erde zu ergießen. Da die Engel Jagd auf die Dämonen machten, war die Dämonin, die Hasan trug, gezwungen, schnell zur Erde hinabzufliegen und ihre schlafende, wertvolle Last am Stadttor von Damaskus abzusetzen. Als Hasan am nächsten Morgen, umringt von neugierigen Gaffern, die sich über sein Nachtgewand lustig machten, erwachte, wußte er nicht, wie ihm geschehen war. Auf die Fragen der Umstehenden antwortete er nach bestem

Lob des Mandelnougats (Lusindscha)

Versäume nicht, mir jenen Nougat zu bringen, dessen Anblick allgemein Begeisterung weckt oder es würde mich wundern:
Vergeblich schließt der Magen seine Pforten, das Nahen dieser Speise zwingt ihn, sie wieder zu öffnen.
Würde er in einen Felsen eindringen wollen, verschaffte ihm sein Duft leichten Zugang,
Sein köstliches Aroma breitet sich um die Platte, deren Rand mit Butter bestrichen ist.
Sein Anblick bringt seine inneren Werte zum Ausdruck, seine Schönheit macht seinen Geschmack noch erlesener.
Seine Füllung ist fest, aber seine Hülle ist leichter als eine Windbrise.
Es sieht aus, als ob sein zerrissenes Kleid kristallisierte Siruptropfen durchlasse
Und sein zartes Gewand seine Transparenz von den Flügeln der Heuschrecke geliehen habe.
Die Zähne, die man aus seiner Masse herstellen würde, wären weiß und glänzend,
Wie die Geldstücke, die die Männer so gern in ihrer Hand wiegen.
Üppig mit Butter bestrichen, von bläulicher Farbe und grau im Innern, ähnelt er dem Stein Azrak mit seinem fahlen Schimmer.
Man kostet die Mandeln und keine einzige bittere entgeht dem Vorkoster.
Hervorragende Kenner, die den Zucker aussuchten, haben sich an Strenge bei ihrer Auswahl überboten.
Die Augen werden nicht müde ihn anzuschauen und die Zähne werden nicht stumpf beim Hineinbeißen.

Ibn ar-Rûmî

Wissen und Gewissen, indem er ihnen sein Abenteuer erzählte. Doch die Leute zweifelten ungläubig: »Wie kann es auf dieser Welt jemanden geben, der den Tag in Basra verbringt, die folgende Nacht in Kairo und der sich am nächsten Morgen in Damaskus befindet?« Und auch Hasan selbst begann zu glauben, daß er das alles nur geträumt habe.

Er begab sich darauf in die Stadt, wo er zufällig einem Koch begegnete, einem ehemaligen Dieb voll Reue über seine Taten, der Mitleid mit ihm hatte, ihn beherbergte, kleidete und in seiner Garküche beschäftigte, als wäre er sein eigener Sohn.

In Kairo brachte indessen Sitt el-Husn, neun Monate nach der Hochzeitsnacht, einen prachtvollen Knaben zur Welt, den sein Großvater Adschîb, den Wunderbaren, nannte. Überzeugt, daß er der Sohn Hasans, seines Neffen sei, an dessen Identität die Kleidungsstücke und die darin eingenähten Schriftstücke, die er im Hochzeitszimmer zurückgelassen hatte, keinen Zweifel ließen, gewährte ihm der Vater von Sitt el-Husn die beste Ausbildung.

Doch eines Tages kehrte der junge Knabe weinend aus der Schule zurück. Seine Kameraden hatten ihm entdeckt, daß derjenige, der bei ihm den Platz seines Vaters einnahm, in Wirklichkeit sein Großvater und sein richtiger Vater ein Unbekannter war. Sitt el-Husn empfand darüber so großen Gram, daß sie ihren Vater überredete, sich auf die Suche nach Hasan zu machen. Nachdem dieser die hierfür notwendige Erlaubnis des Sultans erhalten hatte, machten sich der Großvater, die Tochter und der Enkel auf den Weg in Richtung Osten. Nach zwanzig Tagen langten sie in Damaskus an, wo sie einige Tage ausruhen wollten, bevor sie ihre Reise nach Basra fortsetzten. Die Stadt erschien ihnen wie ein irdisches Paradies, mit ihren Flüssen, ihrem Vogelgezwitscher und ihren üppigen Bäumen, Blumen und Früchten.

Wie sie in der Stadt umhergingen, begleitet von einem Diener, erregte der junge Adschîb die Aufmerksamkeit der Passanten, die stehenblieben, um die Vollkommenheit seiner Erscheinung und seine Schönheit zu bestaunen, die der Dichter mit folgenden Worten beschreibt:

Ich verbrachte eine Nacht in Damaskus. Damaskus!
Dort habe ich Freuden erlebt, als habe die Welt geschworen, keine Irrtümer mehr zu begehen.
Tausendundeine Nacht

Ein Wäldchen plaudert die Geheimnisse des Gartens aus; die Blumen sind der Mund und der Windhauch die Sprache.
Ibn Hafâga

Zufällig blieben der Diener und das Kind bei ihrem Gang durch die Stadt vor dem Laden stehen, in dem Hasan arbeitete. Dieser fühlte sich durch die Schönheit des Knaben bezaubert und wie durch eine geheime Macht zu ihm hingezogen. Seinen Blick nicht von ihm lösend, lud er ihn ein, in den Laden zu kommen, um eine Speise aus Granatapfelkernen zu kosten, die er gerade nach einem eigenen Rezept zubereitet hatte. Trotz des Zögerns seines Dieners, der es für Adschîb nicht schicklich fand, in der Garküche eines Kochs zu essen, nahm der Knabe die Einladung an und erzählte, während er sich an der Granatapfelspeise und anderem Zuckerwerk gütlich tat, unter Tränen, was der Zweck ihrer Reise war. Hasan, den ebenfalls tiefer Schmerz ergriff, versuchte die Stimmung aufzuheitern, indem er dem Knaben die Geschichte des armen Vagabunden erzählte, den ein Garkoch den Geruch gegrillten Fleisches, mit dem er sein Brot beräuchert hatte, zahlen lassen wollte. Daraufhin verabschiedeten sich die beiden Gäste, doch Hasan folgte jenem, der sein Sohn war, aus einem inneren Gefühl heraus, ohne die Merkwürdigkeit seines Verhaltens zu bedenken, bis der junge Adschîb, der Angst hatte, daß er ihnen etwas antun wollte, ihm einen Stein an den Kopf warf, um ihn zu verjagen.

Der Wesir verließ nach einigen Tagen mit seinem Gefolge Damaskus, und sie zogen durch zahlreiche Städte, bevor sie nach Basra gelangten, wo sie erfuhren, daß die Mutter von Hasan noch am Leben war. Der Vater aber, der Bruder des Wesirs, war schon vor langer Zeit verstorben. Sie besuchten also die alte Dame, die beglückt war, daß Hasan, den sie tot glaubte, ihr einen Enkel, den jungen Adschîb, geschenkt hatte. Man beschloß, die Großmutter mit nach Kairo zu nehmen, und machte sich auf die Heimreise. In Damaskus legten sie erneut eine längere Rast ein. Und wieder begab sich Adschîb zum Laden des Garkochs, um von ihm zu hören, wie es ihm ginge, da er sich der Wunde schämte, die er ihm mit dem Stein zugefügt hatte. Als Hasan den Knaben mit seinem Diener sah, erzitterte er in seinem Innersten und lud sie wiederum ein, in seinem Laden etwas zu essen, doch konnte er seine Gefühle nicht verbergen:

»Der Atem, der seiner Brust entströmt, ist Moschus;
Seine Zähne gleichen Perlen;
Seine Wangen glühen wie Rosen
Und sein Speichel schmeckt wie Wein.
Sein Wuchs ist der eines schlanken Schilfrohrs;
Sein Gesäß so wohlgeformt wie eine Sanddüne;
Seine Haare glänzen wie die dunkle Nacht
Und sein Gesicht erstrahlt wie die leuchtende Scheibe des Mondes.«

Geschichte des Vagabunden und des Garkochs

Es war einmal ein armer Vagabund, der sich, da er keinen roten Heller in der Tasche hatte, vor die Schwelle einer kleinen Garküche hockte, wo gerade ein Stück Hammelfleisch am Spieß gebraten wurde. Er hatte ein Stück Brot in der Hand, das er dem Fleisch entgegenstreckte, um es vom Räucherduft des Bratens durchdringen zu lassen, bevor er es aß. Als er sein Brot aber aufgegessen hatte, kam der Garkoch zu ihm und forderte ihn auf, den Preis für den Räucherduft des Fleisches zu bezahlen. Da sich der Vagabund weigerte zu zahlen, schleppte er ihn vor den Richter. Als dieser die beiden Kläger angehört hatte, bat er den Garkoch näherzutreten. Er nahm zwei Geldstücke aus seiner Tasche, legte sie auf eine Hand, schloß die andere darüber und schüttelte dann beide so kräftig, daß die Münzen klingelten. Darauf sagte der Richter zum Garkoch:

»Geh! Du hast nun erhalten, was man dir schuldig war.«

Als der Garkoch gegen einen solchen Spaß heftig Einspruch einlegte, sagte er:

»Wer den Geruch einer Speise verkauft, kann nicht anders bezahlt werden als durch das Klingen von Münzen.«

Nasreddin Hodja

»In meinem Herzen nährte ich die Sehnsucht nach ihm,
Jenem, den ich liebe; doch als ich ihn sah,
Blieb ich stumm und war nicht mehr Herr
Meiner Zunge und meiner Augen.
Wie viele Worte hätte ich sagen mögen,
Die ich seit langem in meinem Herzen trug,
Doch nicht ein einziges Wort durchbrach
Die Barriere meiner geschlossenen Lippen.«

Dann servierte er ihnen seine köstliche Speise aus Granatapfelkernen von erlesenem Geschmack, verfeinert mit eingemachtem Obst und bestreut mit in Rosenwasser getränkten Trockenfrüchten. Als die Gäste gesättigt waren, goß Hasan ihnen Wasser über ihre Hände und besprengte sie mit Rosenwasser aus einer besonderen Flasche. Daraufhin holte er bei seinem Nachbarn einen Krug mit einem erfrischenden Getränk aus Honigwasser, Zucker und Eis, das er mit Rosenwaser abschmeckte, bevor er es ihnen reichte.

Als der junge Adschîb zum Zeltlager zurückkam, umarmte er seine Großmutter, die ihm ebenfalls eine Granatapfelspeise zubereitet hatte. Obwohl er schon satt war, aß er davon, um seiner Großmutter einen Gefallen zu tun, jedoch fand er sie viel zu sauer. Er äußerte seinen Tadel und erzählte, daß er soeben in der Stadt in der Garküche eines Kochs eine weitaus bessere gegessen habe. Tief gekränkt rief die Großmutter aus:

»Niemand auf der ganzen Welt kann diese Speise besser zubereiten als ich, es sei denn mein verschwundener Sohn Hasan!«

Und sie schickte sogleich einen Diener zum Laden des

Mit dem Paradies, das den Gottesfürchtigen versprochen ist,
ist es wie folgt: Darin sind Bäche mit Wasser, das nicht faul wird,
und Bäche mit Milch, deren Geschmack sich nicht ändert,
und Bäche mit Wein, der genußvoll ist für die, die davon trinken,
und Bäche mit gefiltertem Honig. Und sie haben darin allerlei Früchte
und Vergebung von ihrem Herrn.
Koran, Sure 47,15

Spielmann, sing Lieder für dieses Freundesmahl! Doch sprich nicht mehr von der Vergangenheit und auch nicht von der Zeit, die kommen wird!
Hafis

Wie die Unschuldigen öffnen die Granatäpfel des Gartens dem Universum die Geheimnisse ihres Herzens.
Farrokhi

... und ergeben eine Konfitüre, deren magische Kräfte selbst bekümmerte Seelen zu trösten vermögen (rechte Seite).

Garkochs mit dem Auftrag, ihr eine große Schüssel von seiner köstlichen Granatapfelspeise zu bringen. Als sie diese gekostet hatte, mußte die alte Dame anerkennen, daß sie von ganz vorzüglichem Geschmack war, und sie wußte auch sogleich, wer sie zubereitet hatte:

»Wenn mein Sohn noch am Leben ist, so gibt es niemand anderen als ihn, Hasan aus Basra, dem diese Speise in solcher Vollkommenheit gelingt. Nein, niemand anderen ...«

Und von diesem Augenblick an überstürzten sich die Ereignisse. Sitt el-Husn hatte sich in geborgten Kleidern zu dem Laden begeben, um zu sehen, ob der Garkoch wirklich Hasan, ihr Gemahl, war. Der Wesir hatte den listigen Plan ersonnen, das Hochzeitszimmer genauso wiederherzustellen wie in der Brautnacht und Hasan dort hineinzuführen, um ihn glauben zu machen, daß er alles, was in der Zwischenzeit geschehen war, nur geträumt habe. Er schickte also zwei Diener aus, um Hasan zu ergreifen und seinen Laden unter dem Vorwand zu zerstören, seine Granatapfelspeise sei nach Barbarenart zubereitet gewesen. Hasan, sich keines Unrechts bewußt, verstand nichts von dem, was ihm geschah. Unter Tränen schrie er den Angreifern entgegen:

»Was ist so Schlimmes daran, daß ich diese Speise aus Granatapfelkernen gemacht habe? Weshalb wollt ihr mir deswegen den Kopf abschlagen?«

Man gab vor, daß er diese nicht genügend gewürzt habe, und drohte ihm wegen dieses Vergehens mit dem Pranger.

»Man hat mich geschlagen, mißhandelt, meinen Laden zerstört, und nun will man mich auch noch an den Schindanger stellen, nur weil ich die Granatäpfel nicht genug gewürzt habe! Gott verdamme die Granatäpfel und die Stunde, in der ich sie zum ersten Mal gekostet habe!« Und er weinte bittere Tränen, während man versuchte, das Brautgemach so herzurichten wie zwölf Jahre zuvor, in der berühmten Hochzeitsnacht ...

Aber da die schöne Erzählerin
den ersten Schimmer der Morgendämmerung
am Horizont gewahrte,
unterbrach sie ihre Geschichte.

Ein gefahrvolles Liebesmahl

شامی پرخطر در محضر زیبارویان

O geneigter Leser, der du ohne jedes Vorurteil die Freuden des Lebens genießt, der du die Süße der Tage auskostest und die hohe Lebenskunst kultivierst, fahre fort in deiner Lektüre . . . Denn noch wunderbarer ist die nächste Geschichte.

Es wird berichtet, daß einst zwei Prinzen lebten, der eine Asad, der Glorreiche, der andere Amdschad, der Glückselige, genannt. Sie waren die Söhne des Königs der Ebenholzinseln und die Enkel des Sultans des Irak. Um dem väterlichen Todesbefehl zu entgehen, fuhren sie mit einem Schiff hinaus aufs Meer, strandeten in einem fernen Land, wo sie nach langem Umherirren in die Stadt der Magier gelangten. Das war eine ganz besondere Stadt, deren Einwohner vorwiegend Anbeter des Feuers waren und die die Muselmanen haßten. Während der unglückselige Asad sehr bald in die Hände der schrecklichen Sekte fiel, hatte der junge Amdschad das Glück, einem Schneider zu begegnen, der ein Muselman war. Dieser lud ihn in sein Haus ein und gestattete ihm, so lange bei ihm zu wohnen, wie die Suche nach seinem Bruder in Anspruch nehmen würde. Voll Besorgnis begleitete der Schneider Amdschad bei all seinen Gängen in der Stadt.

Aber eines Morgens beschloß der Prinz, sich allein ins Badehaus zu begeben. Als er jedoch das Badehaus verließ,

Einen Mund wünsche ich mir,
der mein Verlangen stillt und neues Verlangen weckt.
Wie der Wein: Je mehr der junge Mann ihm zuspricht,
desto größeren Durst empfindet er.
Ibn al-Rûni

um zum Schneider zurückzukehren, da begegnete ihm ein junges Mädchen, dessen Blick sich entflammte, als sie den jungen Mann gewahrte, der von makelloser Schönheit war. Sie hob den Schleier, der ihr Gesicht verhüllte, und gab ihm zu verstehen, daß er ihr sehr gefalle. Vergeblich beschleunigte Amdschad seine Schritte und sann verzweifelt auf ein Mittel, wie er die unliebsame Liebhaberin abschütteln könnte, die ihm dicht auf den Fersen blieb. Bald kamen sie an ein großes Haus, und Amdschad verlangsamte seinen Schritt. Da das Mädchen glaubte, es handle sich um sein Haus, wollte sie sofort eintreten. Der unglückliche junge Mann getraute sich ihr jedoch nicht zu gestehen, daß es nicht sein Haus sei, und gab vor, die Schlüssel seinem Diener gegeben zu haben, damit dieser bei seiner Rückkehr vom Markt, ohne zu warten, ins Haus gelangen könne. Doch es hätte mehr bedurft, die Glut der schamlosen Schönen zu löschen, die sich bereits an dem Schloß zu schaffen machte, bis es aufsprang ... Amdschad, eine Nußschale auf dem Ozean seiner Empfindungen, flüchtete sich, zutiefst verwirrt, in Verse, um seine Situation zu fassen:

»Ja, o Gebieter des Unglücks,
Unentschieden bin ich, unentschieden bleib ich:
Unentschieden und dazu auch unglücklich.
Doch warum muß ich diese Bürde von Prüfungen ertragen?
Doch gut, gedulden wir uns: möge die Geduld selbst erstaunen,
daß sie ihren Meister gefunden hat.
Und so werde ich die Schicksalsfügungen erwarten,
Die Allah mir nach seinem weisen Plan zugedacht hat.«

Als die Tür nachgab, wollte das junge Mädchen sogleich ins Haus eindringen, Amdschad aber zögerte und blieb auf der Schwelle der Tür stehen, indem er vorgab, lieber auf den Diener warten zu wollen, bis dieser vom Markt zurückkehrte und das Nötige brächte, um einen Gast würdig zu bewirten. Schließlich traten sie aber doch beide ein. Ein riesiger Saal, in dessen Mitte sich vier Wasserbecken und Springbrunnen befanden, empfing die Besucher. An den Becken standen Tische, prachtvoll gedeckt mit Früchten, um sich zu erfrischen, und mit erlesenen Speisen, als würde ein hoher Gast erwartet. Ob dieses Anblicks machte die junge Frau allerlei spitze Bemerkungen und ging sogar so weit, den unglücklichen Amdschad als Heuchler und Heimlichtuer zu bezeichnen, während dieser starr vor Schreck bei dem Gedanken war, daß der Hausherr dieser Örtlichkeiten sicher bald heimkehren werde.

Und die junge Frau zögerte nicht, sich an den Tisch zu setzen und Amdschad aufzufordern, sich ihr zuzugesellen:

»Iß mit mir, du kommst doch gerade aus dem Badehaus. Welch ein Augenschmaus war es, dich aus diesem Ort kommen zu sehen, und welche Anmut hat dir das Badezeremoniell verliehen! Es ist genau der richtige Augenblick für dich, eine Frau in deine Arme zu nehmen, mit ihr zu plaudern und den Kopf in ihren Schoß zu legen!«

Wiederum konnte Amdschad nicht umhin, sich dem Willen seiner Unglücksgefährtin zu fügen. Er setzte sich also an die Tafel und bemühte sich, gute Miene zum bösen Spiel zu machen, obwohl es ihm schwerfiel, die Bissen, die sie ihm in den Mund steckte, hinunterzuschlucken.

Das Paar befand sich gerade beim Nachtisch, als Amdschad, der auf der Hut war, die Türe gehen hörte. Er entschuldigte seine kurze Abwesenheit, ging in die Vorhalle, wo er den Hausherrn in einem Winkel hockend vorfand, von wo aus er beobachtete, wie die Eindringlinge sich angenehm vergnügten, als wären sie bei sich zu Hause. Ohne ihm Zeit zu lassen, seinem Zorn in lauten Beschimpfungen Luft zu machen, stellte sich Amdschad ihm vor, entdeckte ihm, daß er ein Königsohn sei und erzählte ihm seine ganze Geschichte. Beeindruckt von dem vollendeten Bericht, dem erzählerischen Talent und der Sprachgewandtheit des einnehmenden jungen Mannes, empfand der Hausherr Mitleid mit ihm und bemühte sich, ihn zu beruhigen.

Gott, was für eine herrliche Sache ist doch das Bad!
Auch wenn die Badejungen,
als sie mit ihren Tüchern kamen,
das Fest gestört haben.
Abû Nuwâs

Lob der Sauermilchsuppe (Madîra)

Die Sauermilchsuppe ist bei einem Essen wie die
vierzehnte Nacht des Monats.
Sie glänzt auf dem Tisch wie das Licht, das die
Finsternis verjagt,
Wie die silberne Mondscheibe, die durch die
Wolken scheint.
Sie ist gefüllt in eine Schale von Onyx aus Tihâma.
Abu Huraira[1] schätzte es, sie in der Mitte der
Speisenfolge vorzufinden.
Er mochte sie so, daß er sie für die Fastenzeit
auserkor.
Er wußte, daß sie ein köstlicher Schmaus war und
beeilte sich, sein Gebet zu verrichten;
Aber er hütete sich dennoch, sie in Gegenwart des
Imam zu essen.
Es gibt nichts besseres als die Sauermilchsuppe, um
alle Leiden zu heilen,
Es ist daher nicht erstaunlich, daß man sie gerne
ißt, und man nascht keine verbotene Frucht.
Es ist ein fantastisches, köstliches Gericht, das
jedem schmeckt.

Verfasser unbekannt

[1] *bekannter Überlieferer von Aussprüchen des Propheten*

»Mein Sohn«, sprach er, »hab keine Angst. Bei Allah dem Allmächtigen, ich empfinde eine große Freude, dich hier zu sehen. Wisse, daß ich der Emir des Sultans bin und mir dieses Haus gehört, das für Feste mit Gästen vorbehalten ist, die der Liebe leben und die zu kennen ich das Glück habe.«

Und er schlug Amdschad vor, bei folgendem Spiel mitzuspielen. Er wolle sich als Diener verkleiden und die Vorwürfe für sein unziemliches Verhalten entgegennehmen, dann das Nötige tun, um dem jungen Paar einen angenehmen Abend zu bereiten. Nicht ohne eine gewisse Häme fügte er hinzu:

»Und morgen früh schickst du die Frau weg, der du alle erforderlichen Ehren erwiesen hast.«

Mit großer Verlegenheit ging Amdschad schließlich darauf ein, den Abend so zu gestalten, wie der Emir es sich ausgedacht hatte.

Als dieser, in der Verkleidung eines Dieners, im großen Salon erschien und sich Amdschad zu Füßen warf und um Nachsicht bat:

»Gewähre mir die Gnade,
Meine Fehler wiedergutzumachen:
Was wäre die Macht, wenn sie nicht all jenen
Vergeben würde, die Unrecht begangen haben.
Ja, ich bekenne, ich habe gehandelt
Wie der Diener der Dummheit.
Du aber zeige mir, wie sich verhält der Herr
des Edelmutes und der Großherzigkeit.«

machte ihm der junge Mann heftige Vorwürfe und tat so, als würde er ihm einige Stockhiebe verabreichen, während er lange Schmähreden über Diener hielt, die sich in Tavernen betrinken, statt ihrem Meister zu dienen. Das Mädchen ergriff daraufhin ihrerseits den Stock und schlug so stark auf den unglücklichen Diener ein, daß Amdschad sie zurückhalten und besänftigen mußte.

Danach übernahm der Emir die Bewirtung des jungen Paares. Nach Beendigung der Mahlzeit brachte er ihnen die Wasserkanne zur Reinigung der Hände, deckte den Tisch ab, zündete die Kerzen an und streute die verschiedenartigsten Duftblüten um sie. Zum Schluß deckte er ihnen allerlei Kuchen und Früchte auf und kredenzte ihnen alten Wein.

Als die Stunde des Schlafengehens kam, bereitete ihnen der fürstliche Diener ein mit Seide überzogenes Bett, bevor

Betrachte diesen Apfel, in dem sich zwei Farben miteinander vermählen: Hat man nicht den Eindruck, als schmiege sich die Wange des Liebhabers an die Wange des Geliebten?

Tausendundeine Nacht

er sich zurückzog. Aber die junge Frau, die dem Wein zu stark zugesprochen hatte, begann wieder über den Diener zu schimpfen und forderte die höchste Strafe für ihn. Amdschad bemühte sich, sie zu mäßigen, und geleitete sie sanft zum Lager, das der angebliche Diener ihnen bereitet hatte:

»O meine Dame«, sprach er, »verjage aus deinem Kopf alle Gedanken, die den Diener betreffen, und laß uns unser Glück genießen, uns miteinander vergnügen zu können.« Doch nichts konnte die junge Frau in ihrer teuflischen Wut bremsen. So behauptete sie, sie könne kein Vergnügen empfinden, solange nicht der Kopf des verfluchten Sklaven gefallen sei. Sie begab sich daher auf die Suche nach dem Zimmer, in dem der fürstliche Diener schlief, entdeckte dort über dem Bett einen Säbel und nahm diesen an sich. Da Amdschad merkte, daß die Lage äußerst gefährlich wurde, griff er zu einer letzten List und bot der jungen Frau an, den Mann selbst zu enthaupten. Er nahm also den Säbel, aber statt ihn gegen den vermeintlichen Diener zu erheben, richtete er ihn gegen die junge Frau, deren Kopf auf das Bett des Emirs rollte und diesen weckte. Als er gewahr wurde, was geschehen war, umarmte er Amdschad und dankte ihm herzlich, daß er ihm sein Leben gerettet hatte:

»Wahrhaftig, du bist vom Geschlecht der Könige. Nun bin ich dir verpflichtet und habe bei dir eine Schuld einzulösen ...«

Nachdem die beiden Männer lange Zeit beratschlagt hatten, wie sie sich der Toten entledigen könnten, entschied der Emir, da er nicht wollte, daß Amdschad diese unangenehme Aufgabe übernahm, den Leichnam der jungen Frau selbst in den Fluß zu werfen. Da er sich aber bewußt war, daß ein Unternehmen dieser Art eine große Gefahr in sich barg, traf er, bevor er losging, seine Verfügungen und verfaßte ein Testament, in dem er den Palast und alles, was dieser barg, namentlich die Goldstücke unter den Springbrunnen, Amdschad vermachte.

Gerade als er in Reichweite des Flusses war, wurde er vom Statthalter und seinen Leuten aufgehalten und überwältigt und darauf dem Sultan vorgeführt, um sein Urteil zu erhalten. Der Sultan befahl, ihn auf der Stelle hinrichten zu lassen. Man führte den Emir also durch die Straßen der Stadt zum Hinrichtungsplatz. Voraus ging dem Zug ein Herold, der den Bewohnern das Verbrechen und dessen Sühnung kundtat. Amdschad aber hörte die Kunde des Herolds, als dieser unter seinem Fenster vorbeizog, stürzte sogleich nach draußen und lief zum Hinrichtungsplatz. Dort warf er sich dem Sultan zu Füßen und erzählte ihm seine ganze Geschichte, von seiner Ankunft in der Stadt bis zu dem Augenblick, als er sich gezwungen sah, den Kopf der heimtückischen Frau abzuhauen, um damit das Leben des Emirs zu retten. Auch dieses Mal gelang es Amdschad durch seine Sprachgewandtheit und erzählerischen Fähigkeiten, die Leute für sich zu gewinnen. Der Sultan dankte ihm, umarmte ihn wie einen Sohn und überhäufte ihn mit Wohltaten. Er verlieh ihm ein Ehrengewand, ließ ihn zum Badehaus führen und ernannte ihn zum »Wesir seiner Rechten«, während er den Erretteten »Wesir seiner Linken« nannte.

Asad aber war, seitdem er in die Hände der Feuerverehrer gefallen war, unauffindbar geblieben. Alle Versuche seines Bruders, ihn aufzuspüren, waren fehlgeschlagen, bis zu dem Tag, an dem ein Bote in den Ratsaal stürzte, um dem Sultan zu vermelden, daß eine Armee von Soldaten, zahlreicher als die Sandkörner in der Wüste und angeführt von der Königin Mardschâna, auf die Stadt zukam ...

Aber da die schöne Erzählerin
den ersten Schimmer der Morgendämmerung
am Horizont gewahrte,
unterbrach sie ihre Geschichte.

Der Duft überzog sie mit feinen Stickereien;
und ihr Geschmeide erklang hell
wie die Schritte eines wachsamen Hüters.
al-Buhturî

Im Musikpavillon

در تالار موسیقی

O geneigter Leser, der du ohne jedes Vorurteil
die Freuden des Lebens genießt, der du die Süße der
Tage auskostest und die hohe Lebenskunst kultivierst,
fahre fort in deiner Lektüre ...
Denn noch wunderbarer ist die nächste Geschichte.

Es wird berichtet, daß einst zu Bagdad, dieser glückseligen Stadt, deren vielfältige Reize zu besingen die Dichter nicht müde werden, der Kalif am Flußufer einen prachtvollen Musikpavillon errichten ließ, wo er gerne die Abende mit seinen Freunden, seinen Favoritinnen und seinen Musikanten verbrachte, um seiner Seele zärtliche Regungen einzugeben. Der Musiksaal im Inneren dieses Pavillons, der eher einem runden Palast glich, besaß achtzig Fenster und war von einer Kuppel überwölbt, von der achtzig Lampen und achtzig mit Kerzen bestückte Leuchter herabhingen. Der Palast stand in einem wunderbaren Garten, der mit seinem von glutroten Weinreben berankten Laubengang, seinen Blüten und Obstbäumen, die alle Arten von Vögeln beherbergten, einen herrlichen Anblick bot. Der Kalif hatte die Aufsicht des Gartens in die Hände eines alten, vertrauenswürdigen Mannes gelegt, des Scheichs Ibrahîm, der den Befehl erhalten hatte, unter keinen Umständen jemanden in den Garten zu lassen.

Sprich von Musikanten und von Wein:
Suche nicht, die Geheimnisse des Universums zu ergründen ...
Hafis

Als der Wächter jedoch eines Tages aus der Stadt zurückkehrte, entdeckte er auf einer Steinbank beim Eingangstor ein junges, schlafendes Paar. Doch als er ihnen gerade eine Tracht Prügel verabreichen wollte, wie es schamlosen Eindringlingen gebührt, hielt der Scheich inne und besann sich darauf, sie erst einmal zu fragen, wer sie seien. Wenn es sich um Fremde im Lande handelte, gehörte es sich, sie mit Ehrerbietung zu behandeln, wie es die Gesetze der Gastfreundschaft verlangten. Und so weckte der Scheich den jungen Mann und das Mädchen, deren Schönheit ihre edle Herkunft verriet, und forderte sie, verführt von so viel Anmut, dazu auf einzutreten. Er führte das Paar durch den Garten, den er als den seinen ausgab, und die jungen Leute freuten sich an den Blumen und Früchten, die mit ihrem Duft die ganze

Sei mein Führer, o Vogel, der du Glücksbringer genannt wirst.
Damit die Tränen innerer Bewegtheit
meine Augen über deinem Gehege feucht werden lassen.
Hafis

Anlage erfüllten. Ihr Spaziergang führte sie bis zum Palast, und auch dieses Mal konnte der alte Scheich nicht widerstehen, sich als dessen Besitzer auszugeben. Auf ihr Drängen lud er die jungen Leute schließlich in den Musikpavillon ein. Der junge Mann, Nûr ed-Dîn, hörte nicht auf, den Scheich dafür zu loben, sie in seine prachtvollen Gemächer zu führen, und schlug seinerseits als Dank vor, ihm ein Abendessen anzubieten, und gab ihm zwei Goldstücke, um die nötigen Einkäufe zu machen. Als der Scheich, die Arme voller Lebensmittel, zurückkam, setzten sich die drei zu Tisch und aßen mit Genuß und gutem Appetit die gefüllten Muscheln, die gebratenen Eier mit Spinat und den Fischsalat. Als der junge Nûr ed-Dîn am Ende der Mahlzeit nach Getränken verlangte, konnte Scheich Ibrahîm sein Erstaunen nicht verbergen:

»Oh, mein Sohn«, sagte er, »was für eine Idee, Getränke nach dem Essen zu sich zu nehmen! Üblicherweise tut man es vorher!«

»Da hast du keineswegs recht«, erwiderte der junge Mann, »man wartet mit dem Getränk, bis man mit dem Essen fertig ist.«

»Aber was verstehst du eigentlich unter Getränken?« wollte der Scheich wissen. »Meinst du damit etwa Wein?«

»Genau das.«

»Nun, mein Sohn, du sollst wissen, daß ich Allahs Hilfe erbitte, mich gegen Wein zu schützen. Dreizehn Mal habe ich die Pilgerschaft nach Mekka gemacht, und ich könnte daher nicht einmal einen Becher berühren, in dem Wein war, ohne Allahs Fluch auf mich zu laden.«

Der junge Mann beruhigte ihn daraufhin und erklärte ihm, daß ihn der Fluch Allahs nicht treffen würde, wenn er seine Anweisungen genau befolge. Er solle mit seinem Esel in die benachbarte Taverne reiten und dort zwei schöne, gute Krüge Wein auf den Esel laden lassen, so würde er den Wein nicht einmal berühren. Belustigt und angetan von der listigen Idee des jungen Mannes, nahm der Scheich die zwei Goldstücke, die ihm der junge Mann hinstreckte, und machte sich auf den Weg, um ihm das begehrte Getränk zu kaufen. Die Begleiterin von Nûr ed-Dîn, die niemand anders war als die bezaubernde Sklavin seines Vaters, des Wesirs von Basra, mit der er geflohen war, öffnete unterdessen die Geschirrtruhen und deckte einen Tisch mit Gefäßen aus Kristall, goldenen und silbernen Trinkgläsern, schmalen und bauchigen Bechern, nebst Kompottschüsseln und -tellern für die getrockneten und frischen Früchte mannigfaltigster Art. Alles war also gerichtet für ein Trinkgelage mit gemütlicher Plauderei. Als der alte Scheich mit dem Wein, verschiedenen Früchten und duftenden Blumen zurückkam, überließen sich die beiden jungen Leute dem Genuß des Weines, und Nûr ed-Dîn pries die Schönheit des Tages:

Im Hof des Wasserstrahls Geplauder,
Der Tag und Nacht nicht Ruhe braucht,
Bewahrt mir sanft verzückten Schauder,
Darein zur Nacht mich Liebe taucht.
Charles Baudelaire

»Von welch köstlicher Wonne ist dieser Tag!
Wie segnet er uns mit Annehmlichkeiten!
Von welch großer Schönheit sind diese Früchte
Und wie vollkommen ist ihr Zusammenklang!
Einen Becher in der rechten Hand und meine Schöne in der linken,
Ein Mond, der in vollem Glanz erstrahlt.
Zum Teufel mit dem strengen Zensor,
Der mir meine Art zu leben vorwirft!«

Nachdem die beiden Gäste einen Becher nach dem anderen geleert hatten und der Wein ihnen zu Kopfe gestiegen war, verfielen sie auf den Gedanken, den alten Scheich mit einer List seinen Vorsatz, niemals Wein zu trinken, vergessen zu lassen. Und tatsächlich dauerte es nicht lange und er wechselte in das Lager der Weintrinker über, so daß er die beiden jungen Leute zu ihrer großen Belustigung sogar beschimpfte, als sie ihm nichts mehr zu trinken anboten:

»Was soll das bedeuten? Ihr reicht mir keinen Becher?«

Als die Nacht kam, setzte sich Nûr ed-Dîn in den Kopf, alle Lampen und dann auch alle Kerzen anzuzünden und alle Fenster des Musiksalons zu öffnen. Scheich Ibrahîm hatte nicht mehr die Kraft, ihm dies zu verwehren, da auch ihn der Wein bereits trunken gemacht hatte.

Doch es geschah, daß der Kalif an jenem Abend im Salon seines Palastes saß, der auf den Tigris hinausging, um die Süße des Abends zu genießen. Als er in der Ferne, auf der anderen Seite des Flusses, sah, wie die Fenster des Musikpavillons die Nacht mit tausend Feuern erhellten, erfaßte ihn ein heftiger Zorn, und er rief sogleich seinen Wesir Dscha'far zu sich, um ihn nach dem Grund der Beleuchtung zu fragen.

Da Dscha'far den Grund nicht kannte, Scheich Ibrahîm aber sehr schätzte und dessen Weisheit bewunderte, beeilte er sich, eine Geschichte zu erfinden, um den Alten vor der Wut des Kalifen zu schützen. Er erzählte also, daß der Scheich das Beschneidungsfest seiner Söhne im Gartenpalast feiern wollte, und ihn gebeten habe, den Kalifen um Erlaubnis zu bitten, den Musikpavillon zum Empfang seiner Gäste benützen zu dürfen. Er habe aber ganz vergessen, diese Bitte dem Kalifen zu überbringen. Seine Worte beruhigten den Sultan, der dem alten Scheich ebenfalls eine tiefe Zuneigung entgegenbrachte. Jedoch äußerte er seinen Wunsch, sich zu den Verwandten und Freunden des Scheichs zu gesellen und, trotz der späten Stunde, an dem Fest teilzunehmen.

Wie bei seinen nächtlichen Streifzügen durch die Stadt, verkleideten sich der Kalif, sein Wesir und sein Diener als

Kaufleute und begaben sich zu dem Musikpavillon. Im Garten angelangt, äußerte der Kalif sein Erstaunen darüber, keinerlei Geräusche aus dem Musiksaal zu hören:

»Eine Regung inbrünstiger Frömmigkeit hat wohl die ganze Gesellschaft in verehrungsvolles Schweigen getaucht«, vermutete der Kalif, und, da er einen Baum erblickte, dessen Zweige dicht an die Fenster reichten, beschloß er hinaufzuklettern, um die Gesellschaft unbemerkt zu beobachten.

Wie groß aber war sein Erstaunen, als er im Salon nur den Scheich, ein Mädchen und einen Jüngling sah, zwei Monden gleich, die sich, wie in den Versen des Dichters, dem Genuß des Weines hingaben:

»Zuerst den großen, dann den kleinen Becher!
Fülle sie beide, einen nach dem anderen;
Und nimm aus der Hand des Schenken,
Der wie der leuchtende Mond erstrahlt.
Doch trinke nicht, wenn nicht Musik und Gesang
Begleiter des Weines sind;
Denn ich sah, wie selbst die Pferde nicht tranken,
Wenn man ihnen nicht in die Ohren pfiff.«

»Steige auch du nun hinauf«, sagte der Kalif zu Dscha'far, »und sieh sie dir an, damit dir die Segnungen dieser frommen Leute nicht verloren seien.« Und als der Wesir den wirklichen Anlaß des Festes erkannt hatte, brach der Zorn des Kalifen von neuem los, ohne Dscha'far mit seinen Schimpfreden zu verschonen. Dieser sah bereits seinen Kopf vom Holzblock rollen ... Doch da er das Wesen des Kalifen besser kannte als jeder andre und wußte, daß dieser sich beim Anblick junger Leute, die von außerordentlicher Schönheit waren, stets leicht entflammte, gelang es ihm nach und nach, den Kalifen davon zu überzeugen, doch das dargebotene Schauspiel zu genießen.

Der Kalif und sein Wesir stiegen also wieder auf den Baum hinauf, um die lustige Gesellschaft zu beobachten, und wurden Zeuge, wie das junge Mädchen zu einer Laute griff, die der Scheich geholt hatte, und ein Lied anstimmte. Ihr

In der Absicht, die Festgäste zu überraschen, betrat der Kalif heimlich den Garten, kletterte auf einen Baum und erklomm einen Ast nach dem anderen, bis er nahe genug bei den Fenstern war, um einen Blick in das Innere des Saales zu werfen.
Tausendundeine Nacht

Spiel und ihr Gesang waren von so großer Vollendung, daß sie die Herzen mit süßem Begehren erfüllten und auch der Kalif darüber den Grund seines Zornes vergaß und beschloß, sich zu den dreien zu gesellen.

Dscha'far, der immer noch darauf bedacht war, den alten Scheich zu schützen, und befürchtete, der Anblick des Kalifen könnte in ihm zu große Angst wecken, riet dem Kalifen Harun al-Raschid, sich nicht zu erkennen zu geben. Die Idee, sich unerkannt unter Leute zu mischen, hatte für den

Kalifen einen großen Reiz, und so ging er zum Fluß hinunter, um mit einer List die im Musikpavillon Feiernden zu täuschen. Unterwegs entdeckte er am Ufer des Tigris einen Fischer, der die Gelegenheit nutzte, daß der Wächter an jenem Abend vergessen hatte, das Tor zu schließen, um an dem sonst verbotenen Ort zu fischen. Als er den Kalifen erkannte, erstarrte er vor Schreck, doch dieser beruhigte ihn und gebot ihm, sein mit Fischen gefülltes Netz einzuholen.

»Lege diesen Aal und diesen Steinbutt beiseite«, sprach der Kalif in einem Ton, der keine Widerrede duldete, »lege deine Kleider ab, nimm mein Gewand dafür und tue, was ich dir befehle.«

Und als Fischer verkleidet kehrte der Kalif zu Dscha'far zurück, im Arm einen Korb, in dem er die beiden Fische auf Blätter gebettet hatte. Die Verwirrung seines Wesirs erfreute den Kalifen, der daraufhin an die Tür des Musikpavillons klopfte.

»Ich bin's, Kârim der Fischer«, antwortete der Kalif auf die Frage des Scheichs. »Ich habe bemerkt, daß Sie Gäste haben, und bin gekommen, ihnen die Fische, die ich in meinem Korb habe, zu bringen.«

Man öffnete sogleich die Tür, und als die drei Feiernden die frisch aus dem Wasser geholten Fische sahen, freuten sie sich auf das köstliche Gericht.

Der Scheich beauftragte den Fischer in gebieterischem Ton, die Fische zu braten. Und der Kalif begab sich, das Angebot Dscha'fars ablehnend, sich um die Sache zu kümmern, in die Küche des Wächters, denn es machte ihm Spaß, selbst zu kochen.

Er ging zum Herd, stellte die Pfanne darauf, goß Sesamöl hinein und fachte ein Feuer an. Darauf warf er die Fische ins Öl und ließ sie dort braten, bis sie gar waren. Dann legte er die Fische auf eine Platte, garnierte sie mit Zitronen und weißen Rüben und servierte sie den fröhlichen Tischgenossen im Salon.

Diese sprachen dem Mahl genüßlich zu, beglückwünschten den vermeintlichen Fischer, und Nûr ed-Dîn griff in seinen Geldbeutel und gab ihm seine letzten drei Goldtaler,

Es ist Zeit, daß all jene, die trunken sind,
das Fest wiederaufnehmen und dem Herrn des nächtlichen Himmels
sein goldenes Diadem, den Mond, rauben.
Daß die Schönen ihren Schleiertanz beginnen,
und die Musikanten neue Weisen anstimmen …
Daß der Planet Venus im Kreis der Liebenden aufgenommen wird,
und die Hände die Locken liebkosen oder die Schleier lüften.
Modjir

sich vielmals entschuldigend, daß er nicht mehr für ihn tun könne.

Der Fischer nahm mit der geziemenden Unterwürfigkeit das Geld entgegen und erbat als zusätzliches Geschenk, die junge Dienerin singen zu hören, wenn dies möglich wäre. Und sie sang wieder so hinreißend, daß sie die Sinne des Kalifen verzauberte. Er teilte seine Begeisterung dem jungen Nûr ed-Dîn mit, der in einem Anflug von Großzügigkeit den bescheidenen Lohn vergessen machen wollte und dem Fischer anbot, das junge Mädchen mit

sich zu nehmen. Und wie die Sklavin ihr Schicksal in einem Lied besang, das geeignet war, die zarte Seele des Kalifen anzurühren, erkannte dieser immer klarer, daß das junge Paar sich in einem seltsamen Abenteuer befand. Er bat daher den jungen Mann, seine Geschichte zu erzählen.

»Willst du sie aus meinem Mund in Versen oder in der Prosa eines gewöhnlichen Berichts hören?« fragte der junge Mann.

»O mein Gebieter«, erwiderte der Kalif, »die Prosa besteht nur aus Worten, die Verse jedoch fügen ihnen eine Harmonie der Sprache und des Klangs hinzu.«

Und der junge Nûr ed-Dîn begann, seine Geschichte in Versen zu erzählen ...

... Eier, goldglänzend wie Bernsteinkugeln, auf einem Gemüsebett angerichtet, erfreuten die Gäste (linke Seite).

Doch schon hatte die junge Frau ihre Laute gestimmt und begann über die Saiten zu streichen und mit solcher Vollkommenheit zu spielen, daß sie die Herzen mit Sehnsucht erfüllte (oben).
Tausendundeine Nacht

Aber da die schöne Erzählerin
den ersten Schimmer der Morgendämmerung
am Horizont gewahrte,
unterbrach sie ihre Geschichte.

Der Krieg der Weintrinker

Baturundscha ist mein Wohnsitz, ein meiner ganzen Achtung würdiger
Aufenthaltsort, wenn das Glas dort die Runde macht.
Hört meine Geschichte: Eines Tages ging ich spazieren, und die Liebe hatte
mein Herz geraubt.
Da wandte sich die Narzisse an meinen Pagen: »Bleib stehen«, sagte sie zu
ihm, »ein erlesener Wein ist in unserem Besitz gereift.«
Das Feldhuhn sang, die Sinnenlust floß in Strömen, die Blumen entfalteten
ihre Pracht;
Wir gingen in Gärten, deren Augen nicht so schwarz waren wie die der
Huris[7].
Weiße Blütenblätter formten die Lider, gelbe Knospen die Pupillen.
In diesem Augenblick rief uns die Rose mit lauter Stimme:
»Trinker-Freunde«, sagte sie zu uns,
»Wir haben einen hervorragenden Wein, den die Zeit vergessen hat und
dessen Existenz ein Geheimnis ist.«
Wir liefen zur Rose, ohne auf die Klagen der geknickten Narzisse zu achten.
Als die Narzisse sah, was die Rose ihr angetan hatte, schrie sie mit
schneidender Stimme: »Zu mir, Kamille!«
Die Rose sah, wie zwei Truppen gelber Blumen auf sie zukamen; sie erhob
ihre Stimme, und die Granatapfelblüte kam angelaufen.
Sie riefen die Armee der libanesischen Apfelbäume zusammen; der Haß
fachte das Feuer des Krieges an.
Die Kamille ließ die Truppe der kleinen und großen Zitronenbäume
Kampfstellung einnehmen,
Und da erblickte ich Rebî in den Rängen der Gelben, aber mein Herz war auf
der Seite der Roten,
Einzig und allein, weil dies die Farbe der Wangen von jenen ist, die uns mit
so viel Ungerechtigkeit und Grausamkeit behandeln.

Abû Nuwâs

---

[7] *schwarzäugige Jungfrauen, die die Bewohner des Paradieses beglücken*

Das Mahl am Flußufer

نهاری برلب جوی

O geneigter Leser, der du ohne jedes Vorurteil
die Freuden des Lebens genießt, der du die Süße der
Tage auskostest und die hohe Lebenskunst kultivierst,
fahre fort in deiner Lektüre . . .
Denn noch wunderbarer ist die nächste Geschichte.

Es wird berichtet, daß einst in Bagdad drei Schwestern lebten, die nach dem Tod ihrer Eltern jede ihr Erbteil erhielten und damit das Leben lebten, das sie sich gewählt hatten. Die beiden älteren verwendeten ihr Geld dazu, sich eine Aussteuer zu kaufen und alsbald einen Ehemann zu nehmen, während die jüngste unermüdlich Seide spann, um sie in den Webereien der Stadt zu verkaufen, so daß sie nach fünf Jahren die tausend Goldtaler, die sie geerbt, um ein vielfaches vermehrt und ein kleines Vermögen gemacht hatte.

Eines Tages kam die älteste der Schwestern, von der die jüngste seit deren Heirat nichts mehr gehört hatte, als eine arme Bettlerin in zerlumpten Kleidern zu ihr und erzählte von ihrem Unglück, seitdem ihr Ehemann sie verlassen hatte. Von Mitleid ergriffen, führte die junge Schwester sie ins Badehaus, kleidete sie neu ein, setzte ihr ein gutes Essen vor und lud sie ein, bei ihr zu wohnen. Kaum war ein Jahr vergangen, da kam die Zweitälteste in einem ebenso elenden Zustand, und die Jüngste tat dasselbe für sie wie für die Älteste.

Sieh, wie der Windhauch die Rosen entfaltete,
Sieh, wie ihre Schönheit die Nachtigall erfreute.
Komm, lege dich neben diese Blumen,
komm, ruhe dich in ihrem Schatten aus.
Sie sind von der Erde verschwunden:
doch sie werden wieder hierher zurückkehren.
Omar Hayyâm

Die teure Frau war nackt, und weil mein Herz sie kennt,
Trug sie am Leibe nur ihr klingendes Geschmeide,
Und Siegerblick gab ihr die Flitterpracht;
so brennt des Mohren Sklavin, ist sie einmal frei vom Leide.
Charles Baudelaire

Als sie sich erholt hatten und wieder begannen, sich ihres Lebens zu freuen, äußerten die beiden jungen Frauen ihr Ansinnen, sich wieder zu verheiraten:

»Wir können nicht mehr länger ohne Mann leben«, sagten sie.

»O meine Schwestern«, erwiderte ihnen darauf die Jüngste, »welches Glück kann man sich heute vom Stand der Ehe erwarten? Ein Mann mit den Eigenschaften eines guten Hausherrn ist eine seltene Spezies geworden. Bleibt bei mir und laßt uns drei in Frieden zusammenleben.«

Aber sie wollten von ihrer kleinen Schwester keine guten Ratschläge annehmen, und so nahmen sie sich neue Ehemänner. Und wieder war es ein schrecklicher Reinfall. Und wieder fanden sie mit derselben Herzlichkeit Aufnahme im Haus der Jüngsten und schworen, den gleichen Fehler nicht noch einmal zu begehen.

Ein Jahr verging. Die jüngste Schwester wollte, eine tüchtige Geschäftsfrau, wie sie war, Handel mit fernen Ländern treiben. Sie kaufte Waren, ließ ein Schiff nach Basra ausrüsten und belud es mit Gütern, Gepäck und Proviant und was sonst für eine solche Reise nötig ist. Doch nach einigen Tagen Fahrt kam das Schiff von der Route ab und sie landeten bei einer fremden Stadt. Kaum war die jüngste Schwester an Land gegangen, da machte sie sich auch schon auf, um Land und Leute kennenzulernen. Aber wie groß war ihr Erstaunen, als sie entdecken mußte, daß es sich um eine tote Stadt handelte, eine Stadt, deren Bewohner zu Steinsäulen erstarrt waren. Aus Neugier ging sie weiter und gelangte zu einem großen Palast, dessen riesige, verlassene Säle sie durchschritt und dabei von einem schrecklichen Grauen erfaßt wurde. Darauf gelangte sie zu Gemächern, die wie der Harem eines herrschaftlichen Hauses aussahen. Das vergangene Glück hatte in diesen Räumen seine Spuren hinterlassen. Die Wände waren mit goldbestickten Teppichen behangen. Auf dem erhöhten Teil des Gemaches, dem Ehrenplatz, stand ein Himmelbett aus Elfenbein, mit funkelnden Goldplättchen beschlagen und mit zwei tiefgrünen Smaragden verziert. Der Vorhang, der mit seinem Faltenwurf das Bett bedeckte, wurde anstelle von Knöpfen mit

Tabbouleh, gefüllte Weinblätter, eingelegte Auberginen, Quark, eingelegte Paprikaschoten, Kichererbsenpüree … ergeben eine erlesene Vorspeisenplatte für Feinschmecker, die ebenfalls die Lobpreisung des Dichters verdient.

Lob der Vorspeise

Von allen diesen roten und gelben Schalen, die mit Bedacht angeordnet sind, ist keine zu verachten.
Hier die Vorspeise mit blühendem Estragon und eine andere, deren Rot mit den Kapern kontrastiert
Und die einen Duft ausströmt, als hätte sie der Gewürzhändler mit Moschus bestäubt.
Dort eine weitere mit Majoran, deren Aroma durch die besten Gewürznelken verfeinert ist.
Oder die Vorspeise mit Zimt, mit ihrem unvergleichlichen Geschmack und ihrer makellosen Farbe.
Sie verbreitet den Wohlgeruch von Moschus; ihr Geschmack ist pikant und ihr Duft betörend.
Und da, die Vorspeise mit Bohnenkraut, deren Färbung an Moschus und Pech erinnert.
Und jene andere, mit Knoblauch, deren Aroma dem Appetit schmeichelt.
Die Olive ist schwarz wie die Nacht; dünne Scheiben marinierten Fisches umkränzen den Rand.
Schaust du genau hin, so siehst du, daß die Zwiebeln Silberstücken gleichen, in denen Feuer lodert.
Der Rettich, begleitet von einem sauren Filet, mischt sein Aroma mit dem des Essigs;
Seine weißen und roten Scheiben erinnern an Stapel von mit Goldmünzen gemischten Silbertalern.
Überall funkelt es wie ein Stern, der im ersten Licht der Morgendämmerung auf uns herniederscheint.
Es ist wie in einem blühenden Garten, den der Mond, die Sonne, die Finsternis und das Licht verschwenderisch mit ihren Gaben überschüttet haben.

Ibn al-Mu'tazz

Perlen geschlossen. Kopfkissen und Decken des Bettes waren aus reiner, glänzender Seide. Dann ging sie weiter, in andere Räume und merkte nicht, daß die Nacht gekommen war. Plötzlich hörte sie in der Ferne jemanden ein Gebet psalmodieren. Sie ließ sich von der Stimme leiten und entdeckte auf einem Gebetsteppich einen jungen Mann von wunderschöner Gestalt, der in ein ehrwürdig aussehendes Buch vertieft war, dem er die Gebete entnahm. Der junge Mann war von so vollkommener Schönheit, daß das Herz der jungen Frau von Liebe zu ihm ergriffen wurde.

»O mein Gebieter, o du Geliebter meines Herzens«, sprach sie zu ihm, »erzähle mir, was mit dieser Stadt, in der du lebst, geschehen ist.«

Und der junge Mann begann zu erzählen, daß sein Vater einst als König über die Stadt und ihre Bewohner, die alle Magier waren und das Feuer anbeteten, regierte. Doch eines Tages, als eine Stimme sie aufrief, dem Kult des Feuers abzuschwören und sich zu dem wahren Glauben zu bekennen, da verweigerten sie Allah ihre Unterwerfung. Und ein Fluch traf sie alle und verwandelte sie in Stein. Nur er war verschont geblieben, weil seine Kinderfrau eine Muselmanin war und ihn heimlich das heilige Wort des Korans gelehrt hatte.

Bewegt von dieser Geschichte, schlug die junge Frau dem jungen Mann vor, nicht noch längere Zeit allein in dieser Stadt zu bleiben, sondern mit ihr zu kommen und auf ihrem Schiff nach Bagdad zu fahren. Und so kehrte sie mit ihm auf das Schiff zurück, wo sie schon erwartet wurde, doch vorher versäumte sie es nicht, die prachtvollen Seidenstoffe, die den Palast schmückten, und die anderen Dinge, die von hohem Wert, aber nicht schwer zu tragen waren, mitzunehmen.

Als nun aber die beiden Schwestern, die mit auf die Reise gegangen waren, den jungen Mann erblickten und erkannten, daß er zu ihrer kleinen Schwester gehörte, zeigten sie alle Anzeichen erbittertster Eifersucht. Und dieses schwarze Gefühl ließ sie während der ganzen Reise nicht mehr los. Als der Hafen von Basra in Sicht kam, nutzten sie die Gelegenheit, als die beiden Liebenden in tiefen Schlaf gefallen waren,

Zu dir haben wir Schiffe beladen,
die dahinfahren wie aufgeschreckte Raben beim Sonnenaufgang.
Wenn die Wasser des Meeres unter den Schiffen versiegen,
helfen uns die Frauen mit ihren kummergetränkten Tränen.
Wenn die Winde aufhören zu wehen,
blähen die melancholischen Seufzer an verflossene Geliebte
die Segel.
Ibn Darrâg

Wenn unser Appetit erwacht,
erwartet uns ein wohlgedeckter
Tisch; ein erfahrener Küchenchef
hat ihn mit allen Raffinessen
seiner Kunst geschmückt
Und bringt ihn uns, mit den
erlesensten Speisen beladen.
Kuschadschîm

Fein gepuderte, zarte und mit Duft bestäubte Beignets beschwören sämtliche Raffinessen orientalischer Lebensart herauf und laden ein zum Träumen (nachfolgende Doppelseite).

und warfen sie über Bord. Der junge Mann ertrank in den Fluten, während es der jungen Frau gelang, das Ufer des Flusses zu erreichen. Dort wollte sie sich ein wenig ausruhen, als sie eine riesige Schlange entdeckte, die sich direkt auf sie zu bewegte. Erstarrt vor Angst, wußte die junge Frau nicht, wohin sie fliehen sollte. Da gewahrte sie eine zweite Schlange, die der ersten hinterhereilte und sie so fürchterlich in den Schwanz biß, daß ihr die Tränen aus den Augen liefen. Voll Mitleid hob die junge Frau einen dicken Stein auf und tötete die schreckliche Angreiferin. Die andere Schlange aber breitete in diesem Augenblick zwei Flügel aus und flog in die Lüfte, so hoch, daß sie bald ihrem Blick entschwand.

Darauf schlief die junge Frau, zu Tode erschöpft, an der Uferböschung ein. Als sie wieder erwachte, entdeckte sie neben sich eine große Platte mit den köstlichsten kalten Gerichten, die meist nur bei Festessen als Vorspeisen serviert werden. Der Zusammenklang der Farben war eine solche Freude für das Auge, daß die junge Frau Lust bekam, die Speisen zu kosten. Da erblickte sie eine schwarze Sklavin, die ihr sogleich mitteilte:

»Ich bin jene, der du einen großen Dienst erwiesen, jene, für die du eine gute Tat vollbracht hast, die meine Dankbarkeit verdient. Ja, ich bin die Schlange, die du an diesem Ort vor kurzem gesehen hast. Mit der Hilfe Allahs des Allmächtigen hast du mich vor dem Tod bewahrt, indem du meinen Feind getötet hast. Ich bin nur hierher zurückgekehrt, um dir als Dank das zu geben, was du verdienst.« Und die

Rote Paprika und das starke Aroma der in allen Farben schillernden Sardelle ergeben zusammen einen raffinierten Geschmack. Sardellen mit Paprikaschoten sind mit ihrer geschmacklichen Vielfalt und ihrem prächtigen Farbenspiel Gaumenfreude und Augenweide zugleich.

Dämonin, die die Gestalt einer Sklavin angenommen hatte, erzählte daraufhin der jungen Frau, was aus ihren beiden Schwestern geworden war, daß sie, als Strafe für ihre Greueltat, von einem Fluch getroffen und in zwei schwarze Hündinnen verwandelt worden waren. Und nachdem sie sich vergewissert hatte, daß die junge Frau ihren Hunger mit dem für sie bereiteten Mahl gestillt hatte, schlug sie ihr vor, sie auf ihren Flügeln durch die Lüfte direkt zu ihrem Haus zu fliegen. Jedoch eine Bedingung stellte die Dämonin …

Aber da die schöne Erzählerin
den ersten Schimmer der Morgendämmerung
am Horizont gewahrte,
unterbrach sie ihre Geschichte.

Das imaginäre Festmahl

مضحکه ای از ضیافت

O geneigter Leser, der du ohne jedes Vorurteil
die Freuden des Lebens genießt, der du die Süße der
Tage auskostest und die hohe Lebenskunst kultivierst,
fahre fort in deiner Lektüre ...
Denn noch wunderbarer ist die nächste Geschichte.

Es wird berichtet, daß einst ein aufdringlicher und geschwätziger Barbier, aber voll Geist und lustiger Einfälle, zu Unrecht angeklagt war, den Tod des königlichen Possenreißers verursacht zu haben. Zum Tode verurteilt, versuchte er seinen Kopf vor dem Schwert des Scharfrichters, der sich bereits zur Vollstreckung des Urteils bereit machte, dadurch zu retten, daß er dem Kalifen das abenteuerliche Leben eines jeden seiner sechs Brüder erzählte. Wenn dieser bei seinen Geschichten vor Lachen auf den Rücken fiel, war er gerettet.

»Wisse, o Beherrscher der Gläubigen«, begann der Barbier, »daß ich sechs Brüder habe, und jeder von ihnen hat einen anderen Makel: der eine ist bucklig, der andere gelähmt, der dritte blind, der vierte einäugig, der fünfte hat abgeschnittene Ohren und der sechste abgeschnittene Lippen.« Und er erzählte deren Abenteuer. Als die Geschichte von seinem sechsten Bruder an der Reihe war, stellte der Barbier, der einen ausgeprägten Sinn für das geschickte Knüpfen einer Intrige und deren Auflösung besaß und damit in der Regel allgemein Heiterkeit auslöste, sein Talent unter Beweis.

»Mein sechster Bruder«, berichtete also der Barbier, »war nach einigen Tiefschlägen gezwungen, von Tür zu Tür betteln zu gehen, um sein karges tägliches Brot zu verdienen. Eines Tages jedoch führten ihn seine Schritte vor ein großes, herrschaftliches Haus, das einem Nachkommen der Barmakiden gehörte. Vor dem Eingang drängte sich eine Menge Diener und Besucher. Meinem Bruder gelang es dennoch, sich Eintritt zu verschaffen, um ein Almosen direkt vom Hausherrn zu erbitten. Nachdem er den Innenhof durchquert hatte, der kein Ende zu nehmen schien, gelangte er zu einem wundervoll gebauten Palast mit einem Garten in der Mitte, desgleichen kein Auge je gesehen. Der Boden des Hauses war mit Teppichen bedeckt und die Mauern zierten Wandbehänge. Der Herr des Hauses hörte seine Bitte mit Wohl-

Das Lächeln der Geliebten
ist ein Blumenbeet,
ihr Atem ist der Zephir,
die mit Morgentau benetzten
Rosen sind ihre Wangen.
Daher erklärt sich meine
Leidenschaft für Blumenbeete:
sie erinnern mich stets an die,
die ich liebe.
al-Marwânî
(vorhergehende Doppelseite)

Ausgewogenheit und Harmonie machen den Garten zu einem »symbolischen Ort, wo Geist und Sinne sich in vollständiger Glückseligkeit verbinden«.
C. Laroze
(oben)

wollen an und lud ihn ein, sein Mahl mit ihm zu teilen. Da er sich aber in seinem Palast sehr langweilte, nutzte er die Verwirrung seines Gastes, um ein imaginäres Festmahl zu veranstalten.

Nachdem er so getan hatte, als würde er sich mittels eines Beckens und einer Kanne die Hände waschen, bat er seinen Gast zu Tisch und begann die Gesten und Geräusche eines Menschen zu machen, der ißt. Und er machte dies so gut, daß mein Bruder nicht anders konnte als mitzumachen.

»Wie findest du dieses Brot und diesen Reis, o mein Gast?«

»Ich habe noch nie weißeres Brot in meinem Leben gesehen«, antwortete mein Bruder. »Aber noch besser als seine Farbe ist die Freude, die es beim Kauen gewährt!«

Und das Festmahl der Worte spann sich in demselben Ton von dem einen zum anderen Gericht fort.

»Diener, bring uns die Fleischragouts in saurer Sauce, in der die gemästeten Gänse schwimmen!«

Eine Platte nach der anderen wurde in einer glanzvollen imaginären Speisenfolge aufgetragen, was meinen Bruder, den Bettler, Höllenqualen leiden ließ, da der Hunger ihn sehr peinigte.

»Diener, bring uns die Pastete vom gemästeten Flughuhn. Bei meinem Leben, ich habe diese Flughühner eigenhändig mit Pistazien gemästet. Iß, denn du hast noch nie in deinem Leben ein solches Fleisch gegessen«, fuhr der Herr des Hauses mitleidlos fort, während er nach Fleisch mit kleinen Zwiebeln und Eiern verlangte.

Und als mein Bruder meinte, daß er genug gegessen habe und keinen Hunger mehr verspüre, folgte noch die ganze Palette der Nachspeisen. Der Herr des Hauses führte das Spiel in demselben Ton fort:

»Versuche doch die Waffeln ... Nimm diese aus meiner Hand und schau, in wieviel Sirup sie getränkt sind und wie der Saft von meiner Hand heruntertropft ...«

Mein Bruder, darauf bedacht, das Spiel nicht zu stören, erkundigte sich nach seinem Rezept der Waffeln und der Menge des Moschus, das diese enthielten. Der Hausherr

»Sollte ich doch meinen Meister gefunden haben, ich, den man bisher für den größten Possenreißer gehalten hat?« dachte der Affe in seinem Spatzenhirn, während er von seinem hochgelegenen Beobachtungsposten aus das imaginäre Festmahl verfolgte, das der Herr des Hauses veranstaltete.

erklärte daraufhin seine Art, sie zuzubereiten, und sein Geheimnis, sie umzudrehen.

Dann war es Zeit für die Getränke. Mein Bruder, schon etwas verärgert, fand, daß es nun höchste Zeit war, sich zu rächen. Er tat so, als würde er den Becher Wein, den man ihm darbot, trinken und zeigte sogleich alle Anzeigen von Trunkenheit:

»Meister, dieser Wein ist viel zu stark für mich«, lallte er und versetzte seinem Gastgeber, als dieser ihm von neuem einschenken wollte, einen heftigen Schlag auf den Nacken. Besorgt, daß die Komödie, die er seit mehr als einer Stunde mit dem entkräfteten Bettler spielte, ein schlechtes Ende nehmen könnte, faßte ihn der Hausherr an den Schultern und fragte, was mit ihm los sei. Mit dem größten Ernst erwiderte mein Bruder, daß dies nur die Auswirkungen des Weines seien und bat den Hausherrn um Nachsicht für so viel Undankbarkeit. Diese köstliche Antwort löste große Heiterkeit beim Gastgeber aus. Zum ersten Mal hatte ein Opfer seiner Streiche ebensoviel Witz bewiesen wie er!

Als Dank für die gute Unterhaltung lud er daraufhin meinen Bruder zu einem wirklichen Festmahl ein. Und man servierte ihnen all die Gerichte, die beim Festmahl der Worte aufgetischt worden waren, und noch weitere, an denen sich die beiden, brüderlich teilend, gütlich taten. Danach gingen sie in den Saal, wo die Getränke kredenzt wurden. Dort waren Tänzerinnen, schön wie die leuchtende Scheibe des Mondes, die alle lieblichen Melodien und mitreißenden Lieder sangen, die sie kannten. Und sie tranken, bis die Trunkenheit sie besiegte.

Zwischen den beiden Kumpanen entstand so eine Freundschaft, die im Laufe der nächsten Tage noch stetig wuchs, so daß mein Bruder sich in dem Haus seines Gastgebers einrichtete und nach und nach die Verwaltung von dessen Gütern übernahm. Aber nach einigen Jahren starb der Hausherr. Da er ohne Erben war, beschlagnahmte der Sultan sein Vermögen und damit auch all die Reichtümer, die sich in den Händen meines Bruders befanden.

Dieser war daraufhin genauso mittellos wie am ersten Tag und fand keine andere Lösung, als die Stadt zu verlassen. Aber er fiel in die Hände von Nomaden, die ihn erpressen wollten. Sie quälten ihn und schnitten ihm die Lippen ab, als er ihnen versicherte, daß er über kein Vermögen verfüge, sie hielten ihn gefangen und, nachdem sie ihn in Gesellschaft der Frau eines der Beduinen überrascht hatten, setzten sie ihn am Fuße eines Berges aus, jedoch nicht, ohne ihm zuvor sein Geschlecht abgeschnitten zu haben.

Ich erhielt Nachricht von dem Ort, an dem er sich aufhielt, und brachte ihn in die Stadt, wo ich ihn pflegte, bis er

wieder gesund war. Das ist meine ganze Geschichte, o Beherrscher der Gläubigen, bis ich in deine Hände fiel und beinahe das Opfer eines Justizirrtums geworden wäre, wo ich doch sechs Brüder am Hals habe, für deren Lebensunterhalt ich sorgen muß.«

Die Redseligkeit des Barbiers und seine Art, die Geschichten zu erzählen, hatten den Kalifen sehr belustigt, der, wie man sagt, jedem höchste Wertschätzung entgegenbrachte, der es verstand, ihn mit Berichten des täglichen Lebens, die an die Grenzen des Imaginären stießen, zu unterhalten.

Und wenn dies, o geneigter Leser,
auch deine Geisteshaltung ist,
schließe nicht gleich das Buch,
sondern koste die Gerichte, deren Rezepte folgen.
Du wirst ein neues Traumreich entdecken,
jenes, zu dem die kulinarischen Freuden,
die die Erzählerin von *Tausendundeine Nacht*
so oft erwähnt, Zutritt gewähren.

Spielt noch einmal ganz leise eure
zarte, eure himmlische Melodie.
Sprecht auch am Tage für die
Liebenden,
ohne dieser geheimen Sprache
überdrüssig zu werden.
Bahâr

Wenn die Rose ihr Kleid öffnet,
da die Nachtigall singt,
wäre es nicht Unvernunft,
in einem solchen Moment nicht zu
trinken?
Omar Hayyâm

Rezepte

Vorspeisen

Geschmorte Auberginen

Für 4 Personen

4 Auberginen, 6 reife Tomaten, 2–3 Zwiebeln, je nach Größe, 2 Knoblauchzehen, 1/8 l Olivenöl, 1 Thymianzweig, 1 TL Majoran, Alufolie

Auberginen, Zwiebeln und Knoblauchzehen schälen. Die Tomaten mit kochendem Wasser übergießen und die Haut abziehen. Auberginen und Tomaten in dicke Scheiben schneiden, die Zwiebeln fein hacken. Eine hübsche glasierte Tonform, besser noch eine feuerfeste weiße Porzellanform mit den gehackten Zwiebeln auslegen. Darauf abwechselnd dachziegelförmig die Auberginen- und Tomatenscheiben anrichten. Mit Salz, Pfeffer, Thymianblättern und Majoran würzen. Das Erfolgsgeheimnis dieses Rezepts besteht darin, daß man einige Eßlöffel Olivenöl über das Gemüse träufelt, das dadurch eine cremige Konsistenz bekommt, ohne schwer verdaulich zu werden. Zum Schluß die zerdrückten Knoblauchzehen darüber geben, die dem Gericht seinen typischen Geschmack verleihen.

Die Tonform mit der Alufolie bedecken und das Gemüse etwa eine Stunde im Ofen garen lassen. Aus dem Ofen nehmen und zimmerwarm servieren.

Moussaka (Auberginen-Auflauf)

Für 4 Personen

1 kg Auberginen, 300 g Lammhack, 1 feingehackte Zwiebel, 500 g frische Tomaten, geschält und entkernt, 2 Knoblauchzehen, 1 EL Oregano, Salz und Pfeffer, 1 Stück Würfelzucker, 3 EL Semmelbrösel, 1/4 l Olivenöl, 1 kleine rote Chilischote (nach Belieben), Alufolie

Für die Sauce:

3 rote Paprikaschoten, 3 feingehackte Schalotten, 20 g Butter, 0,15 l Crème fraîche, Salz und Pfeffer

Zwei Auberginen zur Seite legen. Die restlichen Früchte in dünne Scheiben schneiden, damit sie nicht zuviel Öl aufnehmen, mit Salz bestreuen und knapp eine Stunde Wasser ziehen lassen. So werden ihnen die Bitterstoffe entzogen. In einer Pfanne etwas Öl heiß werden lassen. Die Auberginenscheiben abspülen, trockentupfen, jeweils in einer Lage in die Pfanne geben und auf beiden Seiten goldbraun braten. Herausnehmen und auf Küchenpapier abtropfen lassen. In derselben Pfanne das Lammhack auf hoher Temperatur einige Minuten kräftig anbraten. Aus der Pfanne nehmen, die Zwiebel hineingeben und glasig werden lassen. Tomaten, zerdrückten Knoblauch, Salz, Zucker, Pfeffer sowie Oregano und nach Belieben eine Chilischote zugeben und alles bei niedriger Temperatur etwa 15 Minuten köcheln lassen.

Die restlichen 2 Auberginen im Ofen garen und das Fruchtfleisch mit einem Löffel herauskratzen. Fein hacken und zusammen mit dem Lammhack zu den Tomaten geben.

Das Ganze bei niedriger Temperatur nochmals 15 Minuten leise köcheln lassen. Bis zu diesem Arbeitsgang läßt sich das Gericht gut im voraus zubereiten.

Eine große oder vier kleine Auflaufformen mit etwas Öl einstreichen und mit Semmelbröseln bestreuen. Die gebratenen Auberginenscheiben darauf auslegen, mit der Mischung aus Lammhack, Auberginen, Tomaten und Zwiebel bedecken, mit Semmelbröseln bestreuen und mit einer Lage Auberginenscheiben abschließen. Mit Alufolie bedecken und etwa 30 Minuten im Wasserbad im vorgeheizten Ofen sanft garen lassen. Aus dem Ofen nehmen und einige Minuten abkühlen lassen, bevor man die Moussaka aus der Form nimmt. Sie sollte noch warm, aber nicht zu heiß aufgetragen werden.

Zu festlichen Anlässen umgießt man die Moussaka mit einer Paprikasauce, die dem Gericht einen besonderen Pfiff gibt. Wird die Moussaka mit einem Schalottenpüree serviert, sollte man die Sauce mit etwas mehr Zucker zubereiten, damit sie mit dem Püree besser harmoniert.

Für die Zubereitung der Sauce die Paprikaschoten einige Minuten in kochendem Wasser blanchieren, in Viertel zerteilen und entkernen. Butter in einem kleinen Topf zerlassen, die Schalotten darin glasig werden lassen, Paprikaschoten zufügen und zu einem Püree einkochen lassen. Crème fraîche unterrühren und mit Salz und Pfeffer abschmecken. Bei niedriger Temperatur etwa 20 Minuten leise köcheln lassen. Vom Herd nehmen, den restlichen Eßlöffel Butter unterrühren und die Sauce durch ein sehr feines Sieb passieren.

Vor dem Servieren den Auberginen-Auflauf mit der heißen Sauce umgießen.

Mohrrüben-Orangen-Salat

MOHRRÜBEN-ORANGEN-SALAT

Für 4 Personen
400 g Mohrrüben, 3 Knoblauchzehen, feingehackt, 2 EL Haselnußöl, 1 EL Weißweinessig, 50 g Haselnüsse, Saft von 1/2 Orange, Saft von 1/2 Zitrone, 1/2 EL Puderzucker, 1 Prise Kreuzkümmel (Kumin), Pfeffer, 1 EL Orangenblütenwasser, 1 feingehackte Schalotte, 1 EL gehackte Petersilie, 4 Orangenscheiben

Bei dieser Zubereitungsart werden die Mohrrüben geschält und in sprudelndem Salzwasser gekocht. Sie sollten noch Biß haben.

Das Wasser abgießen und die Mohrrüben in kleine Würfel schneiden. Aus Öl, Essig, Schalotte, Orangen- und Zitronensaft, Puderzucker, Kreuzkümmel, Pfeffer und Orangenblütenwasser eine Vinaigrette herstellen und mit den noch warmen Mohrrübenwürfeln vermengen. Vor dem Servieren mindestens eine Stunde im Kühlschrank ziehen lassen.

Vor dem Auftragen eventuell noch mit etwas Kreuzkümmel und Zitronensaft abschmecken. Mit der gehackten Petersilie und den gerösteten und gehackten Haselnüssen bestreuen und mit den geschälten Orangenscheiben dekorieren.

LAMMHIRN-TERRINE

Für 5–6 Personen
6 Lammhirne, 3 Hühnerbrüste oder -keulen, 2 Eier, 2 EL Joghurt, 100 g geschälte Mandeln, Saft von 1 Zitrone, 1 Stange Bleichsellerie, 1 Gewürznelke, 2 EL Essig, etwas Mehl zum Bestäuben, 1/2 TL Kardamom, 1/2 TL gemahlener Ingwer, 1 TL Paprikapulver, 1 Prise Muskatblüte, Salz und Pfeffer, 1 Zwiebel, 2 Lorbeerblätter, 2 Zweige Bohnenkraut, 1 EL Öl, 20 g Butter

Dieses Gericht läßt sich einfach und schnell zubereiten.

Eine Schüssel mit kaltem Wasser füllen und die Lammhirne mindestens 30 Minuten darin wässern. Anschließend von Blutgefäßen und Häuten säubern. In einem Topf Wasser zum Kochen bringen, Salz, Essig, Sellerie und Gewürznelke zugeben und die Hirne darin einige Minuten blanchieren. Die Lammhirne aus dem Topf nehmen, gut abtropfen lassen und jeweils in zwei Teile teilen. Mit etwas Mehl bestäuben und in der Pfanne in heißer Butter goldbraun braten.

Einen Topf mit Wasser füllen, Lorbeerblätter, Bohnenkraut und Zwiebel zugeben und zum Kochen bringen. Die Hühnerteile hineingeben und 20 bis 25 Minuten leise köcheln lassen. Aus dem Wasser nehmen, gut abtropfen lassen und Haut und Knochen entfernen. Das Hühnerfleisch ganz fein hacken. Verquirlte Eier, Gewürze, Salz, Zitronensaft und Joghurt unterrühren.

Zum Schluß die Mandeln in einer Pfanne in etwas Öl goldbraun rösten und anschließend im Mörser grob zerstoßen.

In eine Terrinenform eine nicht zu dicke Schicht Hühnerfleisch geben. Darauf die grobgehackten Mandeln verteilen. Mit den in etwas dickere Scheiben geschnittenen Lammhirnen belegen und mit einer Schicht Hühnerfleisch abschließen. Im Ofen bei niedriger Hitze im Wasserbad eine Stunde garen. Man kann statt der Terrinenform auch einzelne Portionsförmchen verwenden.

Die Lammhirn-Terrine aus dem Ofen nehmen, aus der Form auf eine Platte stürzen und warm nach Belieben mit Spinat und Pinienkernen servieren. Das Grün des Spinats gibt einen hübschen farblichen Kontrast zum Rosa der Lammhirn-Terrine.

SALAT MIT GEBRATENEM LAMMHIRN

Für 4 Personen
*1 Batavia-Salat, 2 Lammhirne, 2 Kalbsbrieslappen,
1 Gewürznelke, 1 Stange Bleichsellerie, 2 EL Essig, 1 Mohrrübe,
in kleine Würfel geschnitten, 1 Stange Lauch, feingehackt,
1 Zwiebel, feingehackt, 0,1 l Weißwein, 0,15 l Brühe,
1 EL Mehl, 50 g Butter, 2 EL Öl, 2 Zitronen, 3 EL Haselnußöl,
Salz und Pfeffer, 50 g Haselnüsse (nach Belieben)*

Lammhirne und Kalbsbries mindestens 30 Minuten in kaltem Wasser wässern. Anschließend von Häuten und Blutgefäßen säubern. Darauf die Lammhirne in kochendem Salzwasser, in das man die Gewürznelke und den Stangensellerie gegeben hat, einige Minuten blanchieren. Aus dem Wasser nehmen, abtropfen und abkühlen lassen.

Die Zubereitung des Kalbsbrieses nimmt etwas mehr Zeit in Anspruch. Man setzt es in einem Topf mit kaltem, nicht gesalzenem Wasser auf und läßt es einmal aufkochen. Das Bries aus dem Topf nehmen, Oberflächenhaut und Knorpelteile entfernen. In einem Schmortopf in etwas heißer Butter kurz anbraten. Die zerkleinerten Gemüse zugeben und einige Minuten anschwitzen lassen. Den Wein und soviel Brühe zugießen, daß das Kalbsbries zu zwei Dritteln bedeckt ist. Mit Alufolie verschließen und in den auf 250° C vorgeheizten Backofen schieben. Die Garzeit hängt von der Größe des Kalbsbrieses und der Wärmeleistung des Ofens ab; man sollte etwa mit 15 bis 20 Minuten rechnen. Das Kalbsbries ist auf jeden Fall gar, wenn es etwa um ein Drittel geschrumpft ist. Aus dem Ofen nehmen, abtropfen und abkühlen lassen.

Vor dem Servieren Lammhirn und Kalbsbries in 2 bis 3 Millimeter dicke Scheiben schneiden. Das Lammhirn mit Mehl bestäuben. In einer Pfanne etwas Butter und Öl (die Zugabe von Öl verhindert, daß die Butter schwarz wird) sehr heiß werden lassen und die Lammhirnscheiben auf jeder Seite einige Sekunden braten. Aus der Pfanne nehmen und salzen. Das Kalbsbries verträgt ohne weiteres Hitze, so daß man es nicht mit Mehl bestäuben muß. Es wird lediglich mit Salz und Pfeffer gewürzt und in der Pfanne gebraten.

Den Batavia-Salat putzen, sorgfältig waschen und abtropfen lassen. Kleinschneiden und in einer flachen Schüssel mit einer Vinaigrette aus Haselnußöl, Zitronensaft und Salz überziehen. Die heißen Lammhirn- und Kalbsbriesscheiben auf dem Salatbett anrichten und mit Zitronenscheiben umlegen. Sofort auftragen. Man kann den Salat noch mit einigen gehackten Haselnüssen bestreuen, um das Aroma der Salatsauce zu unterstreichen.

GEFLÜGELLEBER-TERRINE

Für 8–10 Personen
*500 g Geflügellebern, 500 g Schweinemett, 70 g Gänseschmalz,
2 Vanilleschoten, 1/8 l Portwein, 50 g Haselnüsse (nach Belieben)*

Die Geflügellebern müssen sorgfältig vorbereitet werden, damit sie die notwendige Zartheit erhalten. Man gibt sie zuerst für etwa 30 Minuten in kaltes Wasser, um sie zu säubern. Aus dem Wasser nehmen, trockentupfen und sehr fein hacken. Geflügellebern, Schweinemett, Portwein, Vanillemark, Salz und etwas Pfeffer in einer Schüssel miteinander vermischen. Die Masse in eine Auflaufform füllen und im Wasserbad im vorgeheizten Ofen bei mittlerer Temperatur etwa 30 bis 40 Minuten garen.

Aus dem Ofen nehmen und abkühlen lassen.

Die Masse aus der Form nehmen, abtropfen lassen und pürieren. Das in einem Topf zerlassene Gänseschmalz unterrühren und zu einer geschmeidigen Creme verarbeiten. Die Creme in eine leicht eingeölte Auflaufform füllen und mit einigen gehackten Haselnüssen bestreuen. Mindestens über Nacht im Kühlschrank fest werden lassen.

Die Geflügelleber-Terrine aus der Form stürzen und mit gemahlenen Haselnüssen überziehen. In Scheiben schneiden und mit frisch geröstetem Brot servieren.

Ein raffinierter Serviervorschlag wäre, Artischockenherzen mit der Geflügelleber-Terrine zu füllen. Die beiden etwas süßlichen Aromen ergänzen sich ideal.

MELONENSUPPE

Für 4–6 Personen
*500 g Melonenfruchtfleisch, 1 l Wasser,
1 Gemüsezwiebel, feingehackt, 1 EL Öl, 0,1 l Crème fraîche,
1 kleines Bund frische Minze, Salz, rosa Pfeffer*

Aus dem Melonenfruchtfleisch einige Kügelchen ausstechen und bis zum Auftragen der Suppe beiseite stellen. Die Verbindung von Melonenstücken und Suppe gibt einen besonderen Reiz und verführt mit Sicherheit jeden Feinschmeckergaumen.

Das restliche Melonenfruchtfleisch in Stücke schneiden und mit dem Wasser in einen Topf geben. Etwa zehn Minuten köcheln lassen und mit Salz und Pfeffer abschmecken.

In der Zwischenzeit das Öl erhitzen und die feingehackte Zwiebel darin glasig werden lassen. Sie darf jedoch nicht bräunen. Zu der Melone in den Topf geben und weitere 10 Minuten köcheln lassen.

Die Suppe durch ein Sieb passieren und etwas Crème fraîche unterrühren. Wieder auf den Herd stellen und einige Minuten unter Rühren bei niedriger Temperatur sämig werden lassen.

Abkühlen lassen und vor dem Servieren mindestens drei Stunden in den Kühlschrank stellen.

Vor dem Servieren die Melonenkügelchen in die Suppe geben und mit der in Streifen geschnittenen Minze bestreuen. Das Zusammenspiel der Farben Ocker und Grün erfreut das Auge, die Frische der Zutaten den Gaumen.

KICHERERBSENPÜREE MIT SESAM

Für 4–6 Personen

500 g Kichererbsen aus der Dose,
Saft von 2 Zitronen, 1 Knoblauchzehe, zerdrückt,
2 EL Olivenöl, 4 EL Sesampaste (tahina), *Salz und Pfeffer,*
1 EL gehackte Petersilie (nach Belieben),
Paprikapulver (nach Belieben)

Heutzutage, wo wir über ausgezeichnete Dosenware verfügen, ist es überflüssig, getrocknete Kichererbsen zu verwenden, die eine lange Garzeit benötigen.

Die Kichererbsen unter fließendem kaltem Wasser kräftig abspülen und gut abtropfen lassen. Die Kichererbsen zu einem glatten Püree verarbeiten; falls nötig, etwas kaltes Wasser unterrühren. Knoblauch, Zitronensaft, Olivenöl und Sesampaste hinzufügen, mit Salz und Pfeffer abschmecken und in den Kühlschrank stellen. Schon ist das Gericht fertig.

Vor dem Servieren kann man die Platte mit gehackter Petersilie oder Paprikapulver bestreuen und das Kichererbsenpüree darauf anrichten – das ist hübsch fürs Auge.

PAPRIKASCHOTEN MIT SARDELLEN

Für 4 Personen

4 rote Paprikaschoten, 4 in Salz eingelegte Sardellen, Saft von
1 Zitrone, 15 rosa Pfefferkörner, Salz, 4 EL kaltgepreßtes Olivenöl

Rote Paprikaschoten sind grünen vorzuziehen, weil sie ein süßlicheres Aroma haben. Man rechnet pro Person etwa mit einer Paprikaschote und einer Sardelle. Die Paprikaschoten im Ofen garen oder grillen. Die Haut abziehen und die Kerne entfernen. Die Sardellen gut wässern, Gräten, Kopf und Schwanz entfernen.

Nun ist die Zubereitung ganz einfach: In einer kleinen, flachen Schüssel abwechselnd Paprikaschoten und Sardellen dachziegelförmig anrichten. Mit Pfefferkörnern und etwas Salz würzen und mit Zitronensaft und Olivenöl beträufeln. Über Nacht in den Kühlschrank stellen, damit sich die Aromen verbinden und die Gäste höchsten Genuß an dem Gericht finden können.

JOGHURTSUPPE

Für 4–5 Personen

8 Becher Natur-Joghurt, 2 Salatgurken, 3 Frühlingszwiebeln,
1 EL in Streifen geschnittene frische Minze, Salz und Pfeffer

Die Zubereitung dieser reichlich bemessenen Suppe ist äußerst einfach und erfordert nur einige Minuten Zeit. Zuerst den Joghurt mit einigen Tropfen Eiswasser gründlich verrühren. Er sollte nicht zu flüssig, aber auch nicht zu fest sein. Die Salatgurken schälen, entkernen und in feine Streifen raspeln, mit etwas Salz bestreuen und etwa eine Stunde ziehen lassen. Gut abtropfen lassen und mit etwas Salz und Pfeffer unter den Joghurt rühren.

Die Suppe nach Möglichkeit für mindestens drei Stunden in den Kühlschrank stellen. Sollte dies aus irgendwelchen Gründen nicht möglich sein, kann man statt dessen unmittelbar vor dem Servieren einige Eiswürfel in die Suppe geben.

Unmittelbar vor dem Servieren – damit sie nicht ihre Aromen verlieren – die Minze in feine Streifen und die Zwiebeln in sehr dünne Scheiben schneiden und zur Suppe geben.

GURKEN-SORBET

Für 4 Personen

1 1/2 Gurken, 2 Becher Joghurt, 0,1 l Sahne,
1 TL in Streifen geschnittene Minze, Salz und Pfeffer

Die Gurken in Scheiben schneiden, mit etwas Salz bestreuen und eine halbe Stunde ziehen lassen. Ausdrücken und im Mixer pürieren. Joghurt, Minze, Salz und Pfeffer unterrühren. Die steif geschlagene Sahne unterheben und die Masse in die Eismaschine geben.

Melonensuppe

Das Eis in eine Form füllen und mindestens zwei Stunden gefrieren lassen. Das Gurken-Sorbet mit etwas Tomatensauce und Minzeblättern auftragen, dann ist es mit seinen leuchtenden Sommerfarben eine Freude für Augen und Gaumen.

AUSGEBACKENE EIER MIT SPINAT

Für 4 Personen
1 kg Blattspinat, 2 EL Butter, 1 Knoblauchzehe, Salz und Pfeffer, 6 Eier, 6 in Salz eingelegte Sardellen, 50 g Butter, 1 kleine Zwiebel, 1 EL Öl, 2 EL feingehackte Petersilie, 2 Scheiben altbackenes Weißbrot ohne Rinde, 0,1 l Milch, Pfeffer, 1 Prise geriebene Muskatnuß, Öl zum Ausbacken
Zum Panieren:
etwas Mehl zum Bestäuben, 1 Ei, 1 EL Wasser, Salz, 6 Scheiben altbackenes Weißbrot, gerieben

Bevor die Eier durch das Ausbacken ihre schöne goldgelbe Farbe bekommen, muß man sie, damit sie ihren ganzen Geschmack entfalten, einer etwas langwierigen Zubereitung unterziehen. Aber der Aufwand lohnt sich.

Zuerst die Eier hart kochen, abschrecken, in kaltem Wasser völlig auskühlen lassen und pellen. Die Eier halbieren, das Eigelb herausnehmen und für die Füllung der Eiweißhälften beiseite stellen.

Für die Füllung die gut gewässerten und entgräteten Sardellen in einen Topf geben und bei niedriger Temperatur zerlassen. Nach und nach die Butter unterrühren. Die feingehackte Zwiebel in etwas Öl anbraten. Das Weißbrot in der kochenden Milch einweichen, herausnehmen und gut ausdrücken.

In einer Schüssel zerdrückte Eigelbe, Sardellenpüree, angebratene Zwiebel, gehackte Petersilie, eingeweichtes Brot, Pfeffer und geriebene Muskatnuß miteinander zu einer glatten Paste verrühren. Die Eiweißhälften damit füllen und für etwa eine Stunde in den Kühlschrank stellen.

Die gefüllten Eier aus dem Kühlschrank nehmen und leicht mit etwas Mehl bestäuben. Durch das mit etwas Wasser und Salz verquirlte Ei ziehen und in den Semmelbröseln wenden. Die Eier sollten ganz von den Semmelbröseln überzogen sein.

Währenddessen in einer Friteuse oder einem ausreichend bemessenen Topf das Ausbacköl auf etwa 180° C erhitzen. Die panierten Eier ins heiße Öl gleiten lassen und etwa 5 bis 6 Minuten ausbacken. Sie sollten eine goldgelbe Kruste annehmen, und die Füllung sollte heiß sein. Mit einem Schaumlöffel aus dem Topf nehmen und auf Küchenpapier abtropfen lassen.

Den Spinat in etwas Butter und Knoblauch in einer Pfanne zusammenfallen lassen und mit Salz und Pfeffer würzen. Auf einer Platte anrichten und mit den ausgebackenen Eiern umlegen.

GEFÜLLTE AUBERGINEN

Für 4 Personen

4 feste Auberginen, 4 Tomaten, geschält, entkernt und in kleine Stücke geschnitten, 2 weiße Zwiebeln, feingehackt, 2 Knoblauchzehen, zerdrückt, 1 Bund Petersilie, 1/8 l Olivenöl, 0,2 l Wasser, 1 EL Puderzucker, Salz und Pfeffer, 1 kleiner Thymianzweig

Für die Füllung die Zwiebeln in etwas Öl Farbe annehmen lassen. Tomaten, Knoblauch und Thymianblätter zugeben und etwa 20 Minuten leise köcheln lassen. Falls die Tomaten besonders saftig sind, das Ganze etwas länger einköcheln lassen. Mit Salz und Pfeffer abschmecken und die feingehackte Petersilie unterrühren.

Die Auberginen so schälen, daß Streifen der Schale stehenbleiben, und der Länge nach nur so weit einschneiden, daß man sie füllen kann. Die Gemüsehälften nicht voneinander trennen. Die Auberginen mit der Tomaten-Füllung garnieren und nebeneinander in eine feuerfeste Tonform setzen. Olivenöl, Wasser und Puderzucker zugeben und mit Salz und Pfeffer würzen. Zugedeckt in den 200° C heißen Ofen schieben und eine halbe Stunde garen lassen. Die Hitze auf 180° C reduzieren.

Die Auberginen sollten mindestens 1 1/2 Stunden im Ofen garen, besser jedoch 2 1/2 Stunden, wenn sie ganz weich geschmort sein sollen.

Aus dem Ofen nehmen, etwas abkühlen lassen und mit Petersilie garnieren. Sie sind eine delikate kalte Vorspeise.

GEFÜLLTE TEIGTASCHEN MIT ZIEGENKÄSE

Für 30 Teigtaschen

300 g Blätterteig, 250 g Ziegenfrischkäse, 1 EL geriebener Gruyère, 1 Eigelb, 2 EL feingehackte Petersilie, 1/4 TL gemahlener Ingwer, 1/4 TL gemahlener Koriander, Salz und Pfeffer, 50 g zerlassene Butter, Öl zum Ausbacken

Für die Füllung zerdrückten Ziegenfrischkäse, Gruyère und Eigelb miteinander vermischen. Petersilie, Salz und Pfeffer und die Gewürze unterrühren und beiseite stellen.

Den Blätterteig so dünn wie möglich ausrollen und mit Hilfe eines Wasserglases runde Formen ausstechen. Diese mit zerlassener Butter bestreichen und in die Mitte ein nußgroßes Stück Füllung geben. Den Teig zu einem Halbmond übereinanderklappen und die Ränder mit einer Gabel fest zusammendrücken.

Kurz vor dem Servieren in einem Topf in siedendem Öl ausbacken, bis der Teig aufgegangen ist und die Teigtaschen eine schöne goldgelbe Farbe haben. Aus dem Öl nehmen, auf Küchenpapier abtropfen lassen und mit etwas Salz bestreuen.

Diese schönen goldgelben, knusprigen Teigtaschen kann man warm mit einem Salat als Vorspeise servieren oder als Imbiß zum Aperitif.

LINSENSUPPE

Für 4 Personen

250 g große gelbe Linsen, 60 g Butter, 1 Zwiebel, feingehackt, 2 l Rinderbrühe, 1 Eigelb, 0,1 l Sahne, Salz und Pfeffer, 1 TL Paprikapulver, geröstete Weißbrotwürfel (nach Belieben)

Die Butter in einem großen Topf zerlassen und die Zwiebel darin goldgelb anbraten. Linsen und Rinderbrühe zugeben, mit Pfeffer würzen und bei niedriger Temperatur etwa eine Stunde oder im Schnellkochtopf 25 Minuten kochen lassen.

Wenn die Linsen gar sind, durch eine Gemüsemühle oder ein Sieb passieren, um sie von ihrer Haut zu befreien. Kurz vor dem Servieren das mit der Sahne verquirlte Eigelb unterrühren und die Suppe 2 Minuten ziehen lassen. Sie darf nicht kochen, weil das Eigelb sonst gerinnt. Mit Salz abschmecken. Die Suppe in eine Terrine oder in tiefe Teller füllen, mit Paprikapulver bestreuen. Nach Belieben dazu geröstete Weißbrotwürfel reichen.

Gemüse, Reis und Bulgur

Geschmorte Artischocken mit Orangen

Für 4 Personen

8 Artischocken, Saft von 1 Zitrone,
1 kleine Zwiebel, feingehackt, 2 eingelegte Zitronen,
1 Orange, geschält und in Scheiben geschnitten (zum Garnieren),
3 Orangenscheiben, 2 Knoblauchzehen, zerdrückt,
5–6 Safranfäden, 3 Stück Würfelzucker, Salz und Pfeffer,
2 EL Olivenöl, 3–6 EL lieblicher Weißwein,
0,1 l Hühnerbrühe, Saft von 1 Orange (nach Belieben)

Die Artischocken folgendermaßen vorbereiten: Den Stiel abbrechen und die äußeren Blätter entfernen. Die obere Hälfte der Artischocken wegschneiden und mit einem scharfen Messer die Artischockenböden schälen. Alle verbliebenen dunkelgrünen Teile vom oberen Teil der Artischocken abschneiden. Das Heu vorsichtig mit einem Teelöffel herauskratzen. Die Artischockenböden mit Zitrone einreiben und sofort in kaltes, mit Zitronensaft gesäuertes Wasser geben, damit sie sich nicht verfärben.

In einem schweren Topf das Öl heiß werden lassen, Zwiebel und die gut abgetrockneten, in Viertel geschnittenen Artischockenböden hineingeben und schmoren lassen, ohne daß sie Farbe annehmen. Knoblauch, Orangenscheiben und die geviertelten eingelegten Zitronen, Gewürze, Salz und Würfelzucker sowie den Wein zugeben. Etwa 40 bis 60 Minuten sanft köcheln lassen, bis die Artischockenböden weich zu werden beginnen. Die Garzeit richtet sich nach der Qualität des Gemüses. Dabei darauf achten, daß immer etwas Flüssigkeit im Topf ist. Eventuell etwas Hühnerbrühe zugießen, damit die Artischockenböden nicht austrocknen. Noch einmal abschmecken und eventuell noch mit etwas frisch gepreßtem Orangensaft das Aroma verstärken. Auf einer Platte anrichten und mit einer geschälten Orange, die zuerst in dünne Scheiben geschnitten, dann geviertelt wird, umlegen.

Eingelegte Zitronen
Zehn unbehandelte Zitronen drei Tage in Wasser einweichen; das Wasser täglich wechseln. Die Zitronen kreuzweise der Länge nach ein-, aber nicht ganz durchschneiden. Zusammen mit 8 EL Salz, 2 Zimtstangen, 10 Gewürznelken, 1 EL Koriandersamen, 2 TL schwarzen Pfefferkörnern und 2 Lorbeerblättern in ein passendes Glasgefäß geben und mit frisch gepreßtem Zitronensaft ganz bedecken. Etwa 30 Tage an einem warmen Platz reifen lassen, dabei das Glas täglich kräftig schütteln.

Artischockenpüree

Für 4 Personen

8 Artischocken, 1/4 l Sahne oder Crème fraîche,
2 EL (30 g) Butter, Saft von 1 Zitrone, 0,1 l Brühe

Für den Kochfond:

2 l Wasser, 2 EL Mehl, Saft von 2 Zitronen,
2 EL Öl, 1 EL Salz

Für die Zubereitung dieses Pürees sollte man frische Artischockenböden verwenden. Die Artischocken folgendermaßen vorbereiten: Den Stiel abbrechen und die äußeren Blätter entfernen. Die obere Hälfte der Artischocken wegschneiden und mit einem scharfen Messer die Artischockenböden schälen. Alle verbliebenen dunkelgrünen Teile vom oberen Teil der Artischocken abschneiden. Das Heu vorsichtig mit einem Teelöffel herauskratzen. Die Artischockenböden mit Zitrone einreiben und sofort in kaltes, mit Zitronensaft gesäuertes Wasser geben, damit sie sich nicht verfärben.

In einem großen Topf das Mehl mit dem Wasser verrühren, Zitronensaft, Öl und Salz zugeben. Diese traditionelle Kochweise verhindert, daß die Artischocken sich verfärben. Aufkochen lassen, die Artischockenböden hineingeben und 25 bis 30 Minuten leicht köcheln lassen, bis sie weich sind.

Die Artischockenböden abtropfen lassen, pürieren und etwas Sahne oder Crème fraîche unterrühren. Das Püree etwa 15 Minuten leise köcheln lassen. Falls es zu stark eindickt, eventuell mit etwas Brühe verdünnen. Vor dem Servieren etwas Butter unterrühren.

AUBERGINEN-SALAT

Für 4–6 Personen
5 Auberginen, 3 EL Sesampaste (tahına),
2 EL Joghurt, 2 EL Olivenöl, Saft von 1 Zitrone,
1 Knoblauchzehe, zerdrückt, Salz und Pfeffer,
einige Salatblätter, Tomatenscheiben zum Garnieren

Die Auberginen sollten reif, ihre Haut straff und glänzend sein. Die Auberginen abspülen, mit Küchenpapier trockentupfen und mit einem spitzen Messer einige Male einstechen. Im Ofen oder auf dem Holzkohlengrill garen, bis sie ganz weich sind. Die Haut abziehen, das Fruchtfleisch zu Püree verarbeiten und Sesampaste, Joghurt, Knoblauch, Zitronensaft, Öl, Salz und Pfeffer unterrühren.

Das Püree gut gekühlt auf Salatblättern anrichten und mit halbierten Tomatenscheiben garnieren, das gibt einen schönen Farbeffekt.

BLUMENKOHL MIT SESAM-SAUCE

Für 4 Personen
1 Blumenkohl von etwa 800 g, 2 EL Sesampaste (tahina),
Saft von 1 Zitrone, 1 Zitrone, in Scheiben geschnitten,
1 Knoblauchzehe, zerdrückt, 1 EL feingehackte Petersilie, Salz

Den Blumenkohl in Röschen zerteilen und etwa 10 Minuten dämpfen. Durch das Dämpfen bleibt das Gemüse fest und aromatisch. Die Garzeit ist abhängig von der Frische des Gemüses.

In der Zwischenzeit die Sauce zubereiten. Dafür Sesampaste, Zitronensaft, Knoblauch und Salz miteinander mit einem Schneebesen glattrühren. Zum Schluß die Petersilie unterrühren.

Es gibt einen hübschen Kontrast, wenn man die noch warmen Blumenkohlröschen auf einer dunklen Platte anrichtet, sie mit der weiß-grünlichen Sauce beträufelt und mit Zitronenscheiben umlegt.

BULGUR MIT ZWIEBELN

Für 4 Personen
2 Tassen mittelfeiner Bulgur (Buchweizengrütze), 4 Tassen Wasser,
1 große Zwiebel, feingehackt, 2 EL Öl oder 50 g Butter,
1 Lorbeerblatt, Salz

In einer schweren Kasserolle oder, besser noch, in einem schweren Schmortopf das Öl beziehungsweise die Butter erhitzen und die Zwiebel darin glasig werden lassen. Den Bulgur zugeben, einige Minuten anschwitzen lassen, ohne daß er Farbe annimmt, Wasser, Salz und Lorbeerblatt zugeben und zugedeckt etwa 15 bis 20 Minuten köcheln lassen. Wenn der Bulgur das Wasser aufgenommen hat, kann man ihn servieren.

GEFÜLLTE QUITTEN SÜSS-SAUER

Für 4 Personen
4 reife, mittelgroße Quitten,
100 g Hackfleisch (Lamm und Rindfleisch gemischt),
1 Zucchini, in Julienne-Streifen geschnitten,
2 Mohrrüben, in Julienne-Streifen geschnitten,
1 Stange Lauch, nur das Weiße, in Julienne-Streifen geschnitten,
1 Stange Bleichsellerie, in Julienne-Streifen geschnitten,
50 g Butter, 1 Zwiebel, feingehackt, 2 EL Öl,
1 kräftige Prise geriebene Muskatnuß (oder Muskatblüte),
Salz und Pfeffer, 1/4 l Wasser, 1 EL Puderzucker,
Saft von 2 Zitronen

Man sollte darauf achten, daß man reife Früchte für dieses Gericht verwendet. Dennoch ist es auch bei reifen Quitten schwierig, sie auszuhöhlen. Deshalb empfiehlt es sich, die ungeschälten Quitten einige Minuten in kochendem Wasser zu blanchieren. Man sollte jedoch nur soviel Fruchtfleisch herauskratzen, daß ein Gleichgewicht zwischen dem Aroma der Frucht und dem der Füllung besteht.

Anstelle der traditionellen Füllung, bei der zerdrückte Erbsen unter das Fleisch gemischt werden, werden in diesem Rezept ver-

Kürbispüree

schiedene feingeschnittene Gemüse verwendet. Die vorbereiteten Gemüse nacheinander in einer Kasserolle in etwas Butter und Wasser anschwitzen lassen. Sie sollten noch Biß haben. Das Fleisch mit der Zwiebel in einer Pfanne in etwas Öl anbraten. Fleisch und Gemüse mischen und mit Muskatnuß, Salz und Pfeffer würzen. Die Quitten mit der Farce füllen. Die Quitten nebeneinander in eine feuerfeste Form mit Deckel setzen. Wasser, Zitronensaft und Zucker einige Minuten köcheln lassen und den Sirup zu den Quitten geben. In den vorgeheizten Ofen schieben und bei mittlerer Temperatur etwa 45 Minuten garen lassen, bis die Quitten weich sind und die Sauce etwas eingedickt ist.

Mit Reis oder Bulgur (Buchweizengrütze) servieren.

Wenn die Quitten-Saison vorbei ist, kann man statt dessen auch Kohl verwenden. Dafür wird ein kleiner Kohlkopf in kochendem Wasser etwa 5 Minuten blanchiert, bevor man ihn füllt. Statt Muskatnuß sollte man in diesem Fall Zimt verwenden.

Kürbispüree

Für 4 Personen

1 kg Kürbis, 4 EL Puderzucker,
1 Zwiebel, in Scheiben geschnitten,
1 Knoblauchzehe, zerdrückt, 2 EL Olivenöl,
3 Eier, verquirlt, 1 Gewürznelke,
Saft von 1/2 Zitrone, Salz und Piment, Petersilie

Den Kürbis schälen, entkernen und in kleine Würfel schneiden. Den Puderzucker in Öl und ein paar Tropfen Wasser in einer Kasserolle karamelisieren lassen. Kürbis, Zwiebel, Knoblauch, Gewürznelke und etwas Wasser zugeben und bei niedriger Temperatur 30 bis 35 Minuten köcheln lassen. Wenn der Kürbis anfängt zu zerfallen, die Kasserolle vom Herd nehmen und das Gemüse pürieren. Eier und Zitronensaft unterrühren und abschmecken. Das Kürbispüree in kleine Förmchen füllen und im vorgeheizten Ofen im Wasserbad 15 bis 20 Minuten garen.

Zum Servieren das Püree aus den Förmchen auf eine Platte oder auf Teller stürzen und mit einem Petersilienzweig garnieren.

SPINAT MIT PINIENKERNEN

Für 4 Personen

1 1/2 kg Blattspinat, 0,15 l Crème fraîche, 100 g Pinienkerne,
1 Prise geriebene Muskatnuß,
1 EL bestes kaltgepreßtes Olivenöl, Salz

Damit der Spinat aromatisch bleibt, in kochendem Salzwasser etwa 2 bis 3 Minuten blanchieren. Abgießen und den Spinat mit kaltem Wasser abschrecken, damit er seine schöne grüne Farbe nicht verliert. Den Spinat kräftig ausdrücken, fein hacken und in einem Topf mit Crème fraîche und geriebener Muskatnuß sanft schmoren lassen.

Vor dem Servieren Olivenöl und in der Pfanne geröstete Pinienkerne unterrühren und noch einmal abschmecken.

GESCHMORTES GEMÜSE MIT ZITRONE

Für 5–6 Personen

1 Sellerieknolle, 2 Fenchelknollen,
4 kleine weiße Rübchen, 4 Artischockenböden (nach Belieben),
3 Knoblauchzehen, zerdrückt,
1 Limone, in Viertel geschnitten, Saft von 1/2 Zitrone,
1 TL Fenchelsamen, 2 EL feingehackte Petersilie,
3 EL Olivenöl, Salz und Pfeffer

Dieses Gericht macht bereits in der Küche Vergnügen, denn es läßt sich leicht zubereiten. Die Gemüse waschen, schälen und in kleine Stücke schneiden. Zusammen mit dem Öl in einen Topf geben und 2 bis 3 Minuten auf hoher Temperatur schmoren. Zitronensaft, die ungeschälte, geviertelte Limone, Knoblauch und Fenchelsamen zugeben und zugedeckt bei niedriger Temperatur etwa eine Stunde köcheln lassen. Die Gemüse sollten weich sein, sie dürfen aber nicht zerfallen.

Kurz vor Ende der Garzeit die Petersilie unterrühren und mit Salz und Pfeffer abschmecken.

Man kann die Gemüsemischung durch Artischockenböden ergänzen, deren Aroma sich gut mit dem von Fenchel, Sellerie und Zitrone verbindet.

Ausgebackene Eier mit Spinat

SÜSS-SAUER EINGELEGTE FEIGEN

1 kg Feigen, 1 l Wasser,
300 g Zucker, 1/4 l Weißweinessig

In einem Topf Wasser, Zucker und Essig aufkochen lassen. Die ungeschälten Feigen hineingeben und etwa 15 Minuten leise köcheln, anschließend abtropfen lassen.

Die Feigen in ein mit heißem Wasser ausgespültes, trockengeriebenes Einweckglas geben, vollständig mit Kochflüssigkeit bedecken und das Glas fest verschließen. Die Früchte halten sich so sehr lange. Man sollte sie vor dem Verzehr mindestens zwei Wochen ziehen lassen.

Man kann die süß-sauren Feigen als Zutat in einem Salat oder als Beilage zu gebratener Leber verwenden.

PILAW (REIS MIT HAMMELFLEISCH)

Für 4 Personen

400 g entbeinte Lammschulter, in kleine Würfel geschnitten,
1 Zwiebel, in Scheiben geschnitten,
3 Tomaten, geschält, entkernt und gehackt,
2 EL Olivenöl, 1/2 TL gemahlener Zimt,
1/2 TL gemahlener Koriander, 8 Pimentkörner,
Salz und Pfeffer, 2 Tassen Reis, 4 Tassen Wasser,
2 EL feingehackte Petersilie (nach Belieben), 2 EL (30 g) Butter,
50 g Rosinen, 50 g Pinienkerne

In einem Topf das Öl erhitzen und die Zwiebelringe darin leicht Farbe annehmen lassen. Aus dem Topf nehmen und beiseite stellen. Das in Würfel geschnittene Lammfleisch in den Topf geben und in einigen Minuten von allen Seiten kräftig anbraten. Gebratene Zwiebelringe, Tomaten, Salz, Pfeffer, Pimentkörner, Zimt und Koriander zugeben und mit Wasser bedecken. Etwa eine Stunde bei niedriger Temperatur köcheln lassen.

Gewaschenen Reis, 4 Tassen Wasser und Petersilie zugeben, abschmecken und 20 Minuten ziehen lassen. Das Gericht ist fertig, wenn das ganze Wasser aufgenommen und verdunstet ist.

Kurz vor dem Auftragen die Butter unterrühren und den Pilaw auf einer flachen Schüssel anrichten. Mit den in heißem Wasser eingeweichten Rosinen und den in etwas Öl gerösteten Pinienkernen bestreuen und servieren.

REIS MIT PINIENKERNEN

Für 4 Personen

2 Tassen Reis, 4 Tassen Wasser,
100 g Butter, Salz und Pfeffer,
1 Lorbeerblatt,
50 g Pinienkerne, 50 g Rosinen, 20 g Butter

Den Reis gründlich unter fließendem kaltem Wasser abspülen. 4 Tassen Wasser, Salz, Pfeffer und Lorbeerblatt in einen Topf geben und zum Kochen bringen. Reis und Rosinen hineingeben, aufkochen lassen und zugedeckt bei niedriger Temperatur etwa 15 Minuten köcheln lassen, bis das Wasser verdampft ist. Etwas ruhen lassen und Butterflocken unterrühren.

Den Reis mit einer Gabel auflockern, in eine Schüssel geben und ihn mit in Butter gerösteten Pinienkernen anreichern.

COUSCOUS MIT LAMM- UND HÜHNERFLEISCH

Für 4 Personen

500 g Couscous, 500 g mageres Lammfleisch,
in etwa 3 cm große Würfel geschnitten,
1 Huhn in Portionsstücke zerteilt,
Salz, frisch gemahlener schwarzer Pfeffer,
2 EL Olivenöl, 2 EL Butter,
2 Zwiebeln, feingehackt,
150 g frische dicke Bohnenkerne,
2 Zucchini, in Scheiben geschnitten,
4 EL Kichererbsen, über Nacht in kaltem Wasser eingeweicht,
2 weiße Rübchen, geschält und in Würfel geschnitten,
2 Mohrrüben, geschält und in Würfel geschnitten,
2 Tomaten, in Würfel geschnitten,
1/4 TL gemahlener Ingwer,
1/4 TL Safranfäden, zerrieben,
100 g Rosinen, 1 Bund Petersilie, feingehackt,
1 Bund Koriandergrün, feingehackt,
Cayennepfeffer oder scharfer Rosenpaprika

Für die Zubereitung von Couscous-Gerichten gibt es ein spezielles Gerät, den *couscousier,* einen großen, hohen Topf mit einem Siebaufsatz, in dem der Couscous gegart wird. Als improvisierter *couscousier* eignet sich ein größerer Topf und ein passendes Metallsieb.

Den Couscous zusammen mit 1 1/2 l Salzwasser in eine Schüssel geben, kurz quellen lassen, abgießen und in einer flachen Form ausbreiten und auflockern, so daß sich keine Klümpchen bilden. Etwa 10 Minuten ziehen lassen.

In der Zwischenzeit Lamm- und Hühnerfleisch, Zwiebeln, Kichererbsen, Rübchen, Mohrrüben, Olivenöl, Pfeffer, Cayennepfeffer, Ingwer und Safran in den Topf geben, kurz anbraten, mit Wasser bedecken und etwa eine Stunde köcheln lassen. Erst wenn die Kichererbsen weich geworden sind, mit Salz abschmecken.

Das Sieb für den Couscous mit einem Mulltuch auslegen und die gequollenen Couscous-Körner darauf ausbreiten. Dabei darauf achten, daß sich keine Klümpchen bilden. Das Sieb, sobald Fleisch und Gemüse zu köcheln beginnen, auf den Topf setzen. Etwa 1/2 Stunde dämpfen, dann den Couscous wieder in der flachen Form ausbreiten, nach und nach mit etwa 1/4 l leicht gesalzenem Wasser besprenkeln und nochmals quellen lassen, dabei mit einer Gabel auflockern.

Rosinen, Zuchini, Bohnenkerne, Tomaten, Petersilie und Koriander zum Fleisch in den Topf geben, den Couscous in das mit dem Mulltuch ausgelegte Sieb geben und auf den Topf setzen. Noch einmal aufdämpfen, bis Fleisch und Gemüse gar sind.

Den Couscous auf vorgewärmten Tellern verteilen und Butterflöckchen unterrühren. Fleisch und Gemüse darauf anrichten und nach Belieben eine scharfe Pfeffersauce dazu reichen.

OKRAGEMÜSE

Für 4 Personen

750 g frische Okraschoten,
6 EL Olivenöl,
1 Knoblauchknolle, in Zehen zerteilt und grob gehackt,
Salz, frisch gemahlener schwarzer Pfeffer,
5 Tomaten, in kleine Würfel geschnitten,
1 Bund Koriandergrün, gehackt,
Saft von 1 Zitrone

Die Okraschoten putzen, die Stiele entfernen. In einer großen Pfanne das Olivenöl bei mittlerer Temperatur erhitzen. Den gehackten Knoblauch hineingeben und goldbraun werden lassen. Die Okraschoten zugeben, mit Salz und Pfeffer würzen und etwa 10 Minuten schmoren lassen, dabei gelegentlich vorsichtig umrühren.

Tomaten zugeben und zugedeckt weitere 10 Minuten garen lassen. Mit gehacktem Koriander bestreuen und die Flüssigkeit ohne Deckel einkochen lassen. Das Okragemüse mit Zitronensaft beträufeln und sofort auftragen.

BOHNEN IN PIKANTER SAUCE

Für 4 Personen

500 g getrocknete weiße Bohnen, 2 EL Olivenöl,
1 Zwiebel, in kleine Würfel geschnitten,
5 feingehackte Knoblauchzehen, 3 Chilischoten, feingehackt,
1/2 TL gemahlener Kreuzkümmel,
1/4 TL gemahlener Kardamom,
1/4 TL Safranfäden, zerrieben, Salz,
4 Tomaten, in kleine Würfel geschnitten,
2 EL Tomatenmark,
1 Bund Koriandergrün, gehackt

Die Bohnen in 1 l kaltem Wasser über Nacht einweichen. Zusammen mit dem Einweichwasser in einen Topf geben, aufkochen lassen und zugedeckt etwa eine Stunde köcheln lassen.

In einer Pfanne das Olivenöl erhitzen, die Zwiebel hineingeben und glasig braten. Knoblauch, Chilischoten, Gewürze und Salz zugeben und unter Rühren anschwitzen lassen. Tomatenmark mit einigen Eßlöffeln Bohnenwasser verrühren, zusammen mit den Tomaten zu den Bohnen in den Topf geben und etwa 30 Minuten köcheln lassen. In eine Schüssel füllen, mit gehacktem Koriander bestreuen und servieren.

TABBOULEH (BULGUR MIT GEMÜSE)

Für 4–6 Personen

500 g feiner Bulgur (Buchweizengrütze),
2 Zwiebeln, feingehackt, Saft von 3 Zitronen,
500 g Tomaten, geschält, entkernt und in Streifen geschnitten,
1 Gurke, geschält, halbiert und in dünne Scheiben geschnitten,
100 g Rosinen, eingeweicht und grobgehackt,
4 EL Olivenöl, 4 EL feingehackte Minze,
1 großes Bund Petersilie, feingehackt, Salz und Pfeffer

Den Bulgur 10 Minuten in kaltem Wasser einweichen. Gut abtropfen lassen. Mit Tomaten, Zwiebeln, Gurke, die man vorher in etwas Salz hat ziehen lassen, Petersilie und Minze, Zitronensaft, Öl, Rosinen, Salz und Pfeffer vermischen. Vor dem Servieren mindestens 2 Stunden in den Kühlschrank stellen.

Fische, Schal- und Krustentiere

Rotbrasse mit Datteln

Für 4 Personen

1 Rotbrasse von etwa 1 kg, 3 EL gehacktes Basilikum,
1 Bund feingehackte Petersilie, 4 Schalotten, feingehackt,
1 EL gemahlener Kardamom, 2 EL Olivenöl,
100 g Datteln, entkernt und gehackt, 1 Zitrone

Den Fisch in eine Pfanne legen und, damit er die Aromen der Kräuter besser aufnehmen kann, seine Haut einige Male mit einem scharfen Messer einritzen. Mit einer Mischung aus Basilikum, Petersilie und Schalotten einreiben. Mit Olivenöl beträufeln, mit Kardamom bestreuen und die Brasse so einige Stunden marinieren.

Anschließend die Pfanne für einige Minuten auf den heißen Herd stellen, dann die Datteln und etwas Wasser zugeben. Nach einigen weiteren Minuten Garzeit den Fisch mit Salz und Pfeffer würzen und zugedeckt in den auf mittlere Temperatur vorgeheizten Ofen schieben. Die Garzeit beträgt insgesamt etwa 30 bis 40 Minuten, je nach Größe des Fisches.

Kräuter und Datteln aus der Pfanne nehmen und pürieren. Mit einem Eßlöffel Nocken daraus formen und zusammen mit dem Fisch und der in Viertel geschnittenen Zitrone servieren.

Gegrillter Fisch mit Sesam-Sauce

Für 3–4 Personen

1 Seebarsch (loup de mer) *von etwa 1 kg, 2 EL Olivenöl,*
2 EL Sesampaste (tahina), *2 Zitronen, ½ Knoblauchzehe,*
1 EL gehackte Petersilie, Salz und Pfeffer

Vor dem Grillen die Haut des Fisches einige Male einritzen. Olivenöl, Salz und Pfeffer verrühren und den Fisch damit bestreichen. Vorzugsweise auf dem Holzkohlengrill über nicht zu starker Glut von jeder Seite 5 bis 6 Minuten garen lassen. Grillt man den Fisch im Ofen, benötigt er eine etwas längere Garzeit.

Der Fisch ist gar, wenn sich sein Fleisch hinter den Kiemen undurchsichtig weiß verfärbt und sich leicht von den Gräten lösen läßt. Andere Köche zupfen zur Garprobe an der Rückenflosse. Spürt man, daß sie sich leicht aus dem Fleisch lösen läßt, kann man den Fisch vom Grill nehmen.

Bevor man den Fisch grillt, sollte man jedoch die Sauce zubereiten. Dafür die Sesampaste mit dem Saft einer Zitrone und etwas kaltem Wasser verrühren. Die Sauce sollte nicht zu dickflüssig sein. Den gehackten Knoblauch und die Petersilie unterrühren. Diese einfache und aromatische Sauce paßt zu allen Fischen mit magerem Fleisch, die sich zum Grillen eignen.

Den Fisch auf einer Platte anrichten, mit der Sauce umgießen und mit Zitronenvierteln umlegen.

Eingelegter Seehecht

Für 4 Personen

8 kleine Seehechte,
2 Mohrrüben, in kleine Würfel geschnitten,
1 große Zwiebel, feingehackt,
2 Knoblauchzehen, zerdrückt,
20 Pfefferkörner, 1 Gewürznelke, 1 Prise Cayennepfeffer,
1 Prise Safran, 0,1 l Weißweinessig, etwas Wasser, Salz

Die Fische 1 bis 2 Minuten dämpfen, bis das Fleisch beginnt, fest zu werden, und in eine Schüssel legen. Falls die Fische nicht klein genug sind, filiert man sie.

In einen Topf Mohrrüben, Zwiebel und Knoblauch geben, mit Wasser bedecken und 5 bis 7 Minuten auf starker Hitze sprudelnd kochen lassen. Essig, Salz und Gewürze zugeben und eventuell noch etwas Wasser zugießen, damit alles gut bedeckt ist, und 10 Minuten kochen lassen. Den Topf vom Herd nehmen und den Sud etwas abkühlen lassen, bevor man ihn über die Fische gießt. Die Fische sollten vollkommen vom Sud bedeckt sein. Eventuell mit etwas Wasser und einigen Tropfen Essig auffüllen. Mindestens 3 Stunden im Kühlschrank ziehen lassen. Die Fische lassen sich gekühlt 3 bis 4 Tage aufbewahren. Als Beilage dazu schmecken süßsauer eingelegte Früchte oder Gemüse wie Mango, Feige, Avocado oder Artischocke.

Meeresfrüchtesalat

MEERESFRÜCHTESALAT

Für 4 Personen

1 Kopf Endivien- oder Bataviasalat,
4 Gambas, 4 rohe Langusten, 150 g Drachenkopffilet,
150 g Krebsfleisch,
2 Limonen, großzügig geschält und in kleine
Würfel geschnitten, 3 EL Olivenöl, 1 EL feingehackte Minze,
1 Stück frischer Ingwer, gerieben,
Pfefferkörner, Salz,
30 g Butter

Die Zubereitung ist relativ einfach und erfordert nur wenig Zeitaufwand. Gambas und Langustinen schälen und in der Pfanne in etwas Butter anbraten. Anschließend die Fischfilets knapp 2 Minuten dünsten. Gambas und Langusten in kleine Würfel schneiden, Fischfilet und Krebsfleisch zerpflücken. In eine Salatschüssel geben und mit einer Sauce aus Olivenöl, Ingwer, Minze, etwas Salz und Pfeffer überziehen.

In Portionsschälchen oder auf einer großen Platte ein Bett aus feingeschnittenen Salatblättern ausbreiten, darauf Fisch und Meeresfrüchte anrichten, Limonenwürfel darüber verteilen und mit der Marinade beträufeln. Eventuell noch etwas Zitronensaft darübergeben und servieren.

Gefüllte Muscheln

Für 4 Personen

20 bis 24 Muscheln, je nach Größe, Saft von 1 Zitrone,
3 EL Öl, 1 große Zwiebel, feingehackt, 100 g Reis,
30 g Rosinen, 5–6 Safranfäden, 1 Prise Muskatblüte,
1 Prise gemahlener Koriander, 1 Knoblauchzehe, zerdrückt,
3 EL trockener Weißwein,
1 EL feingehackte Petersilie, Salz und Pfeffer

Die Füllung sollte zügig zubereitet werden. In einem Topf das Öl heiß werden lassen, Zwiebel darin glasig werden lassen und den Reis zugeben. 2 bis 3 Minuten unter Rühren anbraten, aber nicht braun werden lassen, dann Rosinen, Gewürze, Knoblauch und Salz zugeben und bei niedriger Temperatur 4 bis 5 Minuten anschwitzen. Man kann den Reis durch Gemüse wie Mohrrüben, Zucchini, Spinat oder ähnliches ersetzen. Das Gemüse wird dafür feingehackt und in etwas Wasser 1 Minute blanchiert, bevor man es mit den Rosinen und Gewürzen vermischt.

Die Muscheln mit einem spitzen Messer öffnen. Dabei darauf achten, daß man die beiden Schalen nicht trennt, damit man sie wieder zusammenklappen kann. Jede Muschel mit einem Eßlöffel Farce füllen und wieder schließen. Nebeneinander in eine feuerfeste Tonform setzen. Zitronensaft, Weißwein und soviel Wasser zugießen, daß die Muscheln ganz bedeckt sind. Zugedeckt bei niedriger Temperatur im Ofen etwa 30 Minuten garen. Die Flüssigkeit sollte dann vollkommen verdampft sein.

Die Form aus dem Ofen nehmen, die Muscheln mit Petersilie bestreuen, etwas abkühlen lassen und servieren.

Fischspiesschen

Für 4 Personen

3 Scheiben Seehecht oder Kabeljau, 2 Zitronen

Für die Marinade:

3 EL Olivenöl, 1/2 Zwiebel, feingehackt,
2 Knoblauchzehen, zerdrückt, 2 EL feingehackte Petersilie,
1/2 TL gemahlener Koriander,
5–6 Safranfäden, 1 Prise Cayennepfeffer, Salz

Die Marinade spielt eine wichtige Rolle, aber der Fisch sollte nicht länger als 2 bis 3 Stunden darin ziehen, da er sonst zu weich zum Grillen wird. Für die Marinade in einer tiefen Platte Petersilie, Zwiebel, Knoblauch, Gewürze und Salz vermischen. Den Fisch in nicht zu kleine Würfel schneiden und in die Marinade geben.

Den Fisch aus der Marinade nehmen, gut abtropfen und an der Luft trocknen lassen, bevor man ihn auf Spieße steckt. Die Fischspieße kurz auf jeder Seite bei starker Glut grillen. Der Fisch sollte außen gut gebräunt, innen aber zart sein.

Auf einer vorgewärmten Platte auf Reis mit Pinienkernen anrichten und mit Zitronenvierteln umlegen.

Gemischte Fischplatte mit Safran

Für 4 Personen

2 Scheiben frischer Lachs,
250 g Filet vom Drachenkopf oder Seebarsch (loup de mer),
20 g Butter, Salz und Pfeffer

Für die Sauce:

400 g Fischköpfe und -gräten, 1/2 Zwiebel,
1 Mohrrübe, in Stücke zerteilt, 1 Lorbeerblatt, 1 Thymianzweig,
0,2 l Sahne, 5–6 Safranfäden, 20 g Butter, 1 TL Mehl

Die Zubereitung richtet sich nach der Art der Fische. Einen Fisch mit fettem Fleisch, wie zum Beispiel Lachs, immer bei großer Hitze braten. Die Lachsscheiben in kleine Würfel schneiden. Mit Salz und Pfeffer würzen. In etwas heißer Butter in einer Pfanne rasch bei starker Hitze braten. Wenn der Lachs bester Qualität ist und kein Wasser zieht, sollten 2 bis 3 Minuten Bratzeit ausreichen.

Beim Drachenkopf oder Seebarsch hingegen empfiehlt es sich, die Filets nur kurz 2 bis 3 Minuten zu dämpfen, damit das Meeresaroma nicht verlorengeht.

Echte Fischliebhaber ziehen es vor, den Fisch lediglich mit etwas Blattsalat, der mit bestem Öl, etwas Zitronensaft und einigen Stücken süßsauer eingelegter Mango angemacht wird, zu verzehren.

Aber auch eine Sauce mit Safran schmeckt hervorragend dazu. Hierfür wie folgt einen Fischfond herstellen: Fischabfälle, Zwiebel, Mohrrübe, Thymian, Lorbeerblatt, Salz und Pfeffer in einen Topf geben, mit kaltem Wasser bedecken und auf 0,15 l einkochen lassen. Den Fond durch ein Sieb in einen kleinen Topf gießen, Sahne und Safran zugeben und etwa 10 Minuten leise köcheln lassen. Die Butter mit dem Mehl verkneten. Die Sauce vom Herd nehmen und die Butter, die der Sauce Volumen gibt, einmontieren.

Gemischte Fischplatte mit Safran

BLÄTTERTEIGTASCHEN MIT STOCKFISCHFÜLLUNG

Ergibt 12 Blätterteigtaschen
12 Blätterteigquadrate von etwa 8–10 cm Seitenlänge, 250 g Stockfischpüree (brandade de morue), *3 EL Milch, 1 Knoblauchzehe, zerdrückt, 1 Prise geriebene Muskatnuß, Pfeffer aus der Mühle, Öl zum Ausbacken, grüner Salat als Beilage*

Für das Stockfischpüree:
200 g Stockfischfilets, über Nacht in kaltem Wasser entsalzen, 6 EL fruchtiges Olivenöl zum Unterrühren, 4 EL Milch oder Crème fraîche, 1 Prise weißer Pfeffer, 1 Prise Salz, 1 Knoblauchzehe, zerdrückt

Für die Fischbrühe
1 l Wasser, 0,2 l Weißwein, 1 kleine Mohrrübe, in Stücke geschnitten, 1/2 Zwiebel, in Stücke geschnitten, 1 Petersilienstengel, 1 Thymianstengel, 1 Lorbeerblatt, 1 TL Pfefferkörner, 1 Zitronenscheibe

Zubereitung des Stockfischpürees: Die Zutaten für die Fischbrühe kurz aufkochen und den Sud erkalten lassen. Die gewässerten Stockfischfilets darin 2 bis 3 Stunden ziehen lassen. Danach herausnehmen, abtropfen lassen, mit Küchenpapier trockentupfen und in Stücke zerpflücken. Die Fischstücke im Mörser zerstoßen oder im Mixer pürieren und den Knoblauch unterrühren. Einen Topf auf dem Herd bei niedriger Temperatur erwärmen, das Fischpüree hineingeben und das Olivenöl mit einem Holzspatel unterrühren. Zum Schluß die Milch oder Crème fraîche unterrühren.

Die Blätterteigquadrate mit etwas Wasser befeuchten, damit sie sich besser falten lassen.

Das noch lauwarme Püree mit etwas Milch, zusätzlichem Knoblauch, Muskatnuß und Pfeffer aus der Mühle verrühren.

Auf die eine Hälfte jedes Teigquadrats einen leicht gehäuften Eßlöffel Stockfischpüree geben und die andere Teighälfte längs der Diagonale darüberfalten, so daß eine dreieckige Teigtasche entsteht. Die Ränder fest zusammendrücken.

Die Teigtaschen im heißen Öl goldgelb ausbacken, dabei einmal wenden. Auf Küchenpapier abtropfen lassen und heiß auf einem Bett von feingeschnittenem grünem Salat auftragen.

Fleisch und Geflügel

Lammragout mit eingelegten Zitronen

Für 4 Personen
1 kg Lammkeule, 2 EL Olivenöl,
3 EL Puderzucker, Saft von 1 1/2 Zitronen,
1 Knoblauchzehe, zerdrückt,
1 feingehackte Zwiebel, 1/2 TL gemahlener Ingwer,
Salz und Pfeffer, 2 eingelegte Zitronen
(Rezept S. 156)

Die Vorbereitung dieses Gerichts nimmt nur wenig Zeit in Anspruch. Das Lammfleisch in etwa 3 cm große Würfel schneiden, dabei soviel Fett wie möglich entfernen. Das Olivenöl erhitzen und das Lammfleisch darin von allen Seiten braun anbraten. Aus dem Topf nehmen und beiseite stellen. Den Zucker in den Topf geben und im Öl und dem ausgetretenen Fleischsaft karamelisieren lassen. Wenn er eine goldbraune Farbe angenommen hat, den Saft einer Zitrone, Knoblauch und Zwiebel zugeben und einige Minuten im Öl zusammen mit dem Ingwer sowie Salz und Pfeffer schmoren lassen. Das Lammfleisch wieder in den Topf geben, gut umrühren und eventuell etwas Wasser zugießen.

Das Fleisch etwa eine Stunde bei niedriger Temperatur garen lassen. Dabei gelegentlich prüfen, ob noch genügend Flüssigkeit im Topf ist. Eventuell etwas Wasser zugießen. Nach etwa einer Stunde den restlichen Zitronensaft sowie die eingelegten, halbierten Zitronen zugeben und zugedeckt im Ofen mindestens eine weitere Stunde garen. Das Fleisch sollte am Ende der Garzeit fast zerfallen und die Sauce gut eingedickt sein. Mit Gemüsen servieren, die ebenfalls in Zitronensaft geschmort wurden.

Hackfleisch-Spiesschen

Für 4 Personen
500 g Lammhack aus der Schulter, 1 Zwiebel, gerieben,
1 Knoblauchzehe, zerdrückt, 2 EL feingehackte Petersilie,
5–6 Safranfäden, 1/2 TL gemahlener Koriander,
1 Eigelb, 1 EL Olivenöl, 1 EL Semmelbrösel,
Salz und Cayennepfeffer, Saft von 1 Zitrone (nach Belieben)

Das Lammhack in eine Schüssel geben. Geriebene Zwiebel, Knoblauch, Petersilie, Safran, Koriander, Eigelb, Semmelbrösel und Salz und Cayennepfeffer zugeben und gründlich zu einem glatten Fleischteig verkneten.

Aus dem Fleischteig kleine Würste formen und diese auf eingeölte Spieße stecken. Vorzugsweise auf dem Holzkohlengrill oder bei starker Hitze braten. 2 Minuten auf jeder Seite genügen, wenn die Spießchen innen noch weich und saftig sein sollen.

Man kann die Spieße vor dem Servieren mit etwas Zitronensaft beträufeln. Als Beilage empfehlen sich in Viertel geschnittene Tomaten, die man ebenfalls auf dem Grill schmort. Auch ein Fladenbrot, süßsauer eingelegte Mangos oder ein einfacher gedämpfter Reis schmecken gut dazu.

Lammleber mit Feigen

Für 4 Personen
450 g Lammleber, in Scheiben geschnitten, 500 g Feigen,
3 EL Balsamico-Essig, 0,1 l Kalbsfond,
4 EL Madeira oder Feigenwein, 1 TL Puderzucker,
125 g Butter, Salz und Pfeffer

Im Sommer sollte man frische Feigen verwenden. Für die Zubereitung im Ofen oder auf dem Herd benötigt man nur einige Minuten. Die Feigen waschen, mit Puderzucker bestäuben und mit einem nußgroßen Stück Butter in einen Topf oder in eine feuerfeste Form geben.

Lammragout mit eingelegten Zitronen

Stehen keine frischen Früchte zur Verfügung, kann man süßsauer eingelegte Feigen verwenden, die ebenfalls gut zur Lammleber passen. Die eingelegten Feigen kurz vor dem Servieren kreuzweise wie Blüten einschneiden und in etwas Butter schmoren, bis ihr Saft leicht karamelisiert.

Die Lammleber bei hoher Temperatur rasch von beiden Seiten in etwas Butter braten, aus der Pfanne nehmen, mit Salz und Pfeffer würzen und warm stellen.

Für die Sauce den Bratensatz mit etwas Essig und Feigenflüssigkeit löschen, Madeira beziehungsweise Feigenwein (tunesischer boukha), Puderzucker und Kalbsfond zugeben und einige Minuten köcheln lassen. Die Sauce vom Herd nehmen und die Butter einmontieren. Kräftig mit dem Schneebesen aufschlagen und mit Salz und Pfeffer abschmecken.

Lammragout mit Honig

Für 4 Personen

800 g Lammschulter, in mundgerechte Stücke geschnitten,
Salz und Pfeffer, 3 EL Olivenöl,
1 Zwiebel, in Scheiben geschnitten,
2 Knoblauchzehen, zerdrückt, 4 EL Honig, 250 g Rosinen,
125 g getrocknete Aprikosen, gehackt, 125 g Mandeln

Gewürzmischung:

5 Gewürznelken, 6 Kardamomkapseln, 10 Pimentkörner,
1/4 TL geriebene Muskatnuß,
1 Prise gemahlener Zimt, 5–6 Safranfäden

Die Gewürze erst kurz vor der Zubereitung mahlen, so behalten sie ihr intensives Aroma. Die Gewürzmischung zusammen mit dem Öl und etwas Wasser in einen Topf geben und bei mittlerer Temperatur anschwitzen lassen. Zwiebel und Knoblauch zugeben und goldgelb werden lassen. Das Lammfleisch in den Topf geben und von allen Seiten bei hoher Temperatur anbräunen. Das Fleisch mit Salz und Pfeffer würzen, nicht ganz mit Wasser bedecken, aufkochen lassen, die Hitze reduzieren und das Ragout zugedeckt bei niedriger Temperatur schmoren lassen. Nach etwa 15 Minuten den Topf vom Herd nehmen, Honig, Aprikosen, Rosinen, in der Pfanne geröstete und im Mörser zerstoßene Mandeln unterrühren und das Ganze in eine Form mit Deckel füllen. In den vorgeheizten Ofen schieben und zugedeckt bei nicht zu starker Temperatur mindestens eine Stunde schmoren lassen. Nach Bedarf gelegentlich etwas Wasser zugießen. Das Fleisch sollte weich, aber nicht trocken sein. Je niedriger die Temperatur und je länger das Fleisch im Ofen gart, desto besser wird das Ragout.

Das Ragout mit der Sauce in einer flachen Schüssel anrichten und als Beilage Bulgur (Buchweizengrütze) oder Reis servieren.

Wachteln mit Trauben

Für 4 Personen

4 Wachteln, 250 g kernlose Rosinen,
3 EL (45 ml) alter Marc (Tresterschnaps),
400 g weiße Trauben, geschält und entkernt,
300 g Perlzwiebeln, geschält,
4 EL (60 g) Butter, 0,4 l lieblicher Weißwein, vorzugsweise
Sauternes, 5 Stück Würfelzucker, 0,1 l Crème fraîche,
1 EL Öl, 1/4 TL Fünf-Gewürze-Pulver
(in asiatischen Lebensmittelläden erhältlich),
4 Scheiben Weißbrot, Salz und Pfeffer

Bevor man die Wachteln zubereitet, die Rosinen etwa 30 Minuten in leicht erwärmtem Marc einweichen. Einige der eingeweichten Rosinen herausnehmen, grob zerkleinern, mit 2 EL Butter und dem Fünf-Gewürze-Pulver verkneten und die Wachteln damit füllen. Die Öffnung zunähen oder mit Spießchen verschließen, damit die Füllung während des Bratens nicht heraustreten kann.

Die Vögel mit Küchengarn in Form binden. In einem Schmortopf das Öl heiß werden lassen und die Wachteln bei hoher Temperatur von allen Seiten goldbraun anbraten. Mit dem Marc flambieren und aus dem Topf nehmen. Den Bratensatz mit etwas Weißwein löschen und die Crème fraîche unterrühren. Mit Salz und Pfeffer würzen und bei niedriger Temperatur leise köcheln lassen. Trauben und restliche Rosinen zugeben und in der Sauce ziehen lassen, damit sie ihr Aroma abgeben können. In der Zwischenzeit die Perlzwiebeln zusammen mit dem restlichen Weißwein und dem Zucker glasieren.

Die Wachteln im vorgeheizten Ofen in etwa 15 Minuten fertig garen. Dabei ein- bis zweimal mit etwas Wasser bestreichen, damit das Fleisch nicht austrocknet.

Die Wachteln aus dem Ofen nehmen, die Fäden entfernen und die Vögel auf in Butter gerösteten Weißbrotscheiben anrichten. Mit der Trauben-Rosinen-Sauce umgießen und mit den glasierten Perlzwiebeln umlegen.

Täubchen mit Honig

Für 4 Personen

4 junge Tauben, 4 EL Akazienhonig,
1 TL weiße Pfefferkörner, 3/4 EL Koriandersamen,
4 EL (45 ml) Taubenfond,
ersatzweise Hühnerbrühe

Für das Apfelkompott:

4 Äpfel, 3 EL (45 g) Butter, einige EL Wasser,
6–7 Safranfäden, 100 g Pinienkerne,
1/2 TL Zitronenschale, in feine Streifen geschnitten

Man sollte ganz junge Tauben verwenden, die gerade dem Nest entschlüpft sind, weil deren Fleisch ein besonders zartes Aroma besitzt. Die Vögel kann man nach insgesamt etwa 20 bis 30 Minuten aus dem Ofen nehmen, wenn das Fleisch noch rosa sein soll. Die Tauben zuerst mit etwas Salz einreiben und in eine sehr heiße Tonform geben. In den auf 250° C vorgeheizten Ofen schieben und in etwa 10 Minuten Farbe annehmen lassen.

In der Zwischenzeit die Gewürzmischung vorbereiten.

Pfefferkörner und Koriandersamen im Mörser zerstoßen und unter den Honig rühren. Die aus dem Ofen genommenen Tauben mit der Honig-Gewürz-Mischung bestreichen und wieder in den auf Mittelhitze geschalteten Ofen schieben. Jetzt ist es wichtig, das Gericht zu beobachten. Wenn der Honig dick zu werden, aber noch nicht zu karamelisieren beginnt, die Tauben noch einmal damit bestreichen. Die Ofentemperatur hochschalten und die Vögel so lange im Ofen lassen, bis der Honig leicht zu karamelisieren beginnt. Die Tauben aus der Form nehmen und warm stellen. Den Bratensatz mit etwas Taubenfond, ersatzweise mit Hühnerbrühe, löschen. Etwa 2 bis 3 Minuten köcheln lassen, dann die Sauce durch ein Sieb passieren.

Als Beilage zu den Tauben schmeckt ein Apfelkompott mit Safran. Die Äpfel dafür schälen, in Viertel schneiden und entkernen. In einem Topf einige Eßlöffel Wasser und Butter erhitzen, Äpfel und Safran zugeben und die Äpfel in einigen Minuten bei niedriger Temperatur weich werden lassen. In der Zwischenzeit die Pinienkerne in einer Pfanne goldgelb rösten. Die Verbindung von gerösteten Pinienkernen mit weichen Äpfeln ist ein Genuß. Um dem Kompott ein besonderes Aroma zu geben, sollte man noch etwas Zitronenschale, in feinste Streifen geschnitten, blanchiert und dann in winzige Würfel geschnitten, zugeben.

Die Zitronenschale sollte man sehr fein (die weiße Innenhaut enthält Bitterstoffe) mit einem scharfen Messer schälen und dann in feinste Streifen schneiden. Man kann hierfür auch einen speziellen Zestenschneider verwenden. In einen kleinen Topf mit etwas kaltem Wasser geben und aufkochen lassen. Das Wasser abgießen und die Zitronenschale noch einmal in Wasser aufkochen lassen. Den Vorgang ein letztes Mal wiederholen, dabei 2 Eßlöffel Zucker zugeben.

Die Tauben tranchieren und mit dem Apfelkompott auf einer vorgewärmten Platte anrichten. Das leichte Rosa des Taubenfleisches, die roten Pünktchen des Safrans auf den Äpfeln und die goldgelben Pinienkerne sind eine Freude fürs Auge.

Gefüllte Täubchen

Für 4 Personen

4 junge Tauben, 125 g Bulgur (Buchweizengrütze) oder
mittelfeiner Couscous,
50 g Pinienkerne, 50 g geschälte Mandeln,
1 TL Fünf-Gewürze-Pulver, 1/2 TL gemahlener Zimt,
10 Pimentkörner, Salz, 100 g Butter, zerlassen,
2 Zitronen, in Scheiben geschnitten, 2 EL Honig (nach Belieben)

Für die Füllung Couscous oder Bulgur 15 Minuten in kaltem Wasser einweichen. In der Zwischenzeit Mandeln und Pinienkerne in etwas Butter rösten. Aus der Pfanne nehmen und die Taubenlebern in der Butter braten. Bulgur beziehungsweise Couscous gut abtropfen lassen, Mandeln, Pinienkerne und Taubenlebern sowie die Hälfte der zerlassenen Butter, Gewürze und Salz unterrühren. Die Farce sollte pikant gewürzt sein.

Die Tauben mit der Farce füllen. Die Öffnung zunähen oder mit Spießchen zustecken, damit die Füllung nicht herausfallen kann. Die Vögel mit zerlassener Butter bestreichen. Man kann die Tauben statt dessen auch mit Honig bestreichen, der ihnen ein süßliches Aroma verleiht.

Im vorgeheizten Ofen etwa 30 Minuten braten. Damit das Geflügel nicht zu sehr austrocknet, eventuell etwas Wasser zugießen. Aus dem Ofen nehmen und die Tauben beiseite stellen. Den Bratensatz mit etwas kochendem Wasser löschen und einige Minuten einkochen lassen. Die Sauce in eine Sauciere gießen.

Die Tauben halbieren und mit der Füllung auf einer Platte auf einem Bett von Blattsalat oder Kresse anrichten. Mit Zitronenscheiben garnieren und auftragen.

Huhn mit Limonen

Für 4 Personen

1 Huhn, in Stücke zerteilt, 5 Limonen, etwas Wasser, 3 EL Olivenöl, 1 EL Sesamöl, 4 Kardamomkapseln, 1/2 TL Ingwer, 1 Briefchen Safran, 1 Zwiebel, feingehackt, 1 Knoblauchzehe, zerdrückt, 20 g Butter, Salz und Pfeffer, 2 eingelegte Zitronen, in Scheiben geschnitten (nach Belieben, Rezept S. 156), 1 walnußgroßes Stück Butter, mit Mehl verknetet (nach Belieben)

Das eigentliche Geheimnis der Zubereitung besteht darin, daß man das in Stücke zerteilte Huhn mindestens eine Nacht in einer Marinade aus dem Saft von 4 Limonen, Sesamöl, etwas Wasser, Zwiebel, Knoblauch, Gewürzen und Salz ziehen läßt.

Das Huhn aus der Marinade nehmen, gut trockentupfen und in einem Schmortopf in etwas heißem Olivenöl und der Butter goldbraun anbraten. Die Marinade zugießen, aufkochen lassen, die Hitze reduzieren und das Hühnchen bei niedriger Temperatur etwa 40 bis 50 Minuten schmoren lassen. Die Garzeit hängt von der Qualität des Huhns ab. Das Fleisch sollte gar, aber saftig sein. Läßt man das Hühnchen zu lange garen, wird das Fleisch leicht trocken. 10 Minuten vor Ende der Garzeit den Saft der restlichen Limone und die eingelegten Zitronen zugeben. Stehen keine eingelegten Zitronen zur Verfügung, kann man ersatzweise die blanchierte Schale einer Zitrone verwenden.

Falls die Sauce zu dünnflüssig ist, etwas einkochen lassen und nach Belieben mit etwas Mehl verknetete Butter unterrühren. Das Hühnchen auf einer Platte anrichten und mit der Sauce beträufeln. Als Beilage eignet sich Reis oder Bulgur (Buchweizengrütze), der nur mit etwas Butter in Wasser gekocht wird, oder junge Gemüse, die in etwas Zitronensaft gekocht werden.

Huhn mit Pistazien

Für 4 Personen

1 Huhn, 100 g mittelfeiner Couscous, 100 g gemahlene Mandeln, 80 g kernlose Rosinen, 125 g Pistazienkerne, 1 EL Puderzucker, 100 g Butter, 50 g Puderzucker, 1/2 TL gemahlener Ingwer, 1 TL gemahlene Gewürze (Muskatnuß oder -blüte, Pfefferkörner, 4 Kardamomkapseln, 4 Gewürznelken, Zimt), 1 Mohrrübe, in kleine Würfel geschnitten, 1 Stange Lauch, feingehackt, 1 Zwiebel, feingehackt, 1/2 l Hühnerbrühe, 1 EL Honig (nach Belieben)

Um die Füllung, die dem Huhn einen erlesenen Geschmack gibt, zuzubereiten, zuerst die Rosinen in heißem Wasser einweichen, gut abtropfen lassen, zu einem Püree zerstampfen und mit etwas Butter verrühren. Falls Sie nur über gesalzene Pistazien verfügen, ist es wichtig, sie einige Minuten in warmem Wasser ziehen zu lassen, um ihnen das Salz zu entziehen. Den Couscous im Dampf garen. Einige Stücke Butter unterrühren, damit die Körner sich voneinander lösen. Gemahlene Mandeln, Rosinenpüree, die in Puderzucker gewälzten Pistazien und die gemahlenen Gewürze, Ingwer und Salz unterrühren.

Das Huhn mit der Farce füllen. Die Öffnung zunähen oder mit einem Spießchen zustecken, damit die Füllung nicht herausfällt.

Das Huhn in einem Bratentopf in etwas Öl zuerst auf dem Herd anbraten; wenn es von allen Seiten schön gebräunt ist, die feingehackten Gemüse zugeben und etwas anschwitzen lassen. Die Brühe zugießen, aufkochen lassen und mit Alufolie zugedeckt in den auf 250° C vorgeheizten Ofen schieben. Man kann das Huhn aber auch auf einen Spieß stecken und im Ofen etwa eine Stunde grillen. Durch das Grillen wird das Aroma der Farce noch unterstrichen. Kurz vor dem Servieren das Huhn mit zerlassener Butter oder etwas Honig bestreichen und im sehr heißen Ofen bräunen lassen.

Das Huhn zerlegen und auf einer vorgewärmten Platte mit der Füllung anrichten.

Pikant gewürztes Huhn

Für 4 Personen

1 Huhn, enthäutet und in Stücke zerteilt, 1 1/2 Becher (300 g) Joghurt, 1/2 Zwiebel, feingehackt, 1 Knoblauchzehe, zerdrückt, 1 daumengroßes Stück Ingwer, gerieben, 1 EL gemahlener Kardamom, 1 TL gemahlener Zimt, 1 TL Kreuzkümmel, 8 Gewürznelken, gemahlen, 12 schwarze Pfefferkörner, gemahlen, 1 Prise Cayennepfeffer, 1/4 Muskatnuß (oder Muskatblüte), gerieben, 2 Zitronen, Salz

Dieses Gericht bekommt seinen besonderen Charakter durch die Marinade, in der das Huhn 24 Stunden ziehen muß. Alle Gewürze – Kardamom, Zimt, Kreuzkümmel, Gewürznelken,

Pfeffer, Cayennepfeffer und Muskatnuß – sollten gemahlen sein. Die Gewürze mit Joghurt, Zwiebel, Knoblauch und Ingwer verrühren.

Die Hühnerstücke mit einem scharfen Messer einige Male einschneiden, damit die Marinade besser in das Fleisch einziehen kann. Mit Salz würzen und dem Saft einer Zitrone beträufeln.

Die Hühnerstücke aus der Marinade nehmen, gut trockentupfen und im vorgeheizten Ofen oder auf dem Holzkohlengrill bei hoher Temperatur von allen Seiten bräunen lassen. Die Temperatur reduzieren. Das Huhn insgesamt etwa 20 bis 25 Minuten grillen, dabei darauf achten, daß das Fleisch nicht austrocknet.

Eine Zitrone vierteln und die Hühnerstücke auf einer vorgewärmten Platte damit anrichten.

Gebratene Knäkente

Für 2 Personen

1 Knäkente (ersatzweise Flugente), gerupft und ausgenommen,
50 g Butter, 10 Koriandersamen, gemahlen,
Salz und Pfeffer, Saft von 1 Orange, 2 EL Erdnußöl,
1 TL Feigenessig (ersatzweise Obstessig),
4 süßsauer eingelegte Feigen, 4 Scheiben Weißbrot,
2 Geflügellebern, 1/2 TL Senf,
1 haselnußgroßes Stück Butter, mit Mehl verknetet
(nach Belieben)

Vor dem Braten die Ente innen und außen mit der geklärten Butter bestreichen. Die Verwendung von geklärter Butter verhindert, daß sie bei hoher Temperatur schwarz wird. Hierfür die Butter in einem Topf mit gemahlenem Koriander, etwas Salz und Pfeffer langsam erhitzen. Die Ente auf einen Spieß stecken und im sehr heißen Ofen etwa 15 Minuten grillen. Man kann die Ente auch in einen Bratentopf legen und im Ofen braten. Gelegentlich mit der aromatisierten Butter bestreichen. Das Entenfleisch sollte gar, aber innen noch rosa sein.

Die Ente aus dem Ofen nehmen, den Bratensatz mit dem Orangensaft und dem Essig löschen, durch ein Sieb passieren und 2 bis 3 Minuten einkochen lassen. Eventuell die Sauce kurz vor dem Servieren mit etwas Mehlbutter binden. Die Weißbrotscheiben in einer Pfanne in etwas geklärter Butter rösten. Die Ente halbieren, auf geröstetem Weißbrot anrichten und mit der Sauce beträufeln. Man kann die gerösteten Weißbrotscheiben auch mit einer Farce aus gebratenen, pürierten Geflügellebern und Senf bestreichen und darauf die Ente anrichten.

Auf einer Platte auf einem Bett aus feingeschnittenen Salatblättern, die mit einer Vinaigrette beträufelt wurden, und mit den zu einer Blume aufgeschnittenen süßsauren Feigen anrichten.

Ente mit Feigen

Für 4 Personen

1 Ente von etwa 2 kg, 4 Feigen, in Stücke geschnitten,
0,1 l Entenfond, 1 EL Puderzucker, 0,1 l Wasser,
3 EL Sherry-Essig, 1/2 TL gemahlener Kardamom, 100 g Butter,
Salz und Pfeffer

Garnitur:
12 Feigen, 1/8 l Weißwein, 1/2 l Wasser,
100 g Puderzucker

Zuerst die Feigen für die Garnitur zubereiten, damit sie schön durchziehen können. In einem Topf Wasser, Weißwein und Zucker aufkochen lassen und die ungeschälten Feigen hineingeben. Die Feigen 10 bis 15 Minuten leicht köcheln und im Sirup abkühlen lassen. Erst aus dem Sirup nehmen, wenn man sie mit der Ente serviert.

Den Ofen auf höchste Temperatur vorheizen. Kardamom, Pfeffer und Salz mischen und die Ente damit von innen einreiben. Die Ente bei einer Temperatur von knapp 300° C 35 Minuten im Ofen braten. Den Vogel aus dem Ofen nehmen und vor dem Auftragen zugedeckt etwa 20 Minuten im Bräter ruhen lassen.

In der Zwischenzeit die Sauce zubereiten. Aus Wasser und Zucker einen leichten, hellen Karamel herstellen. Mit Essig und Entenfond löschen. Man kann auch etwas Feigensirup zugeben. Einige Minuten köcheln lassen, die zerkleinerten Feigen hineingeben und einkochen lassen. Die Sauce durch ein Sieb passieren. Vom Feuer nehmen und kalte Butter einmontieren. Kurz vor dem Servieren die kreuzweise wie eine Blüte aufgeschnittenen Feigen für die Garnitur nochmals erhitzen.

Junge Ente mit Pfirsichen

Für 2–3 Personen
1 junge Ente, 1 EL Öl, 1 TL Fünf-Gewürze-Pulver
(in asiatischen Lebensmittelläden erhältlich),
6 Pfirsiche, 1/4 l Wasser, 0,1 l Muskatellerwein,
1 EL Puderzucker, 2 Tropfen Bittermandel-Essenz,
8 Stück Würfelzucker, 4 EL (45 ml) Sherry-Essig,
5 EL (75 g) Butter, 25 rosa Pfefferkörner, Salz und Pfeffer

Die Pfirsiche (weiße Pfirsiche sind den gelben vorzuziehen, da sie aufgrund ihres etwas säuerlichen Aromas hervorragend zur Ente passen) schälen, halbieren und entkernen und in Wasser und Wein, Mandel-Essenz und nach Belieben etwas Zucker etwa 5 Minuten pochieren. Die Früchte sollten weich sein, aber nicht zerfallen. Vom Herd nehmen und 20 bis 25 Minuten ziehen lassen. Die Pfirsiche aus dem Topf nehmen und beiseite stellen. Die Flüssigkeit für die Sauce einkochen lassen.

Die Ente innen mit dem Fünf-Gewürze-Pulver einreiben, das dem Fleisch ein köstliches Aroma gibt, und mit Küchengarn in Form binden. Etwas Öl in einem Schmortopf erhitzen und die Ente bei hoher Temperatur darin anbraten. Dadurch verliert sie einen Großteil Fett. Die Ente von allen Seiten braun anbraten, aus dem Topf nehmen und auf eine vorgewärmte feuerfeste Platte geben. Mit etwas Pfirsichsaft beträufeln und im sehr heißen Ofen in etwa 30 Minuten fertig braten. Zur Garprobe mit einem kleinen Holzspießchen in das Fleisch stechen. Tritt der Fleischsaft klar heraus, hat die Ente den richtigen Garpunkt erreicht. Mit Salz und Pfeffer würzen. Die Pfirsiche auf die Platte geben und im Bratensaft heiß werden lassen. Die Ente einige Minuten im Ofen ruhen lassen, dadurch wird das Fleisch zart und der Fleischsaft tritt aus, der für die Sauce verwendet werden kann.

Junge Ente mit Pfirsichen

Für die Sauce aus Würfelzucker und etwas Wasser einen Karamel herstellen. Wenn er Farbe anzunehmen beginnt, vom Herd nehmen, Sherry-Essig und etwas kalten Pfirsichsaft zugießen und mit Salz und rosa Pfefferkörnern würzen. Zu einer sämigen Sauce einkochen lassen, dabei jedoch darauf achten, daß sie nicht karamelisiert. Etwas Bratensaft von der Ente unterrühren, den Topf vom Herd nehmen und die Butter mit dem Schneebesen stückchenweise einmontieren. Die Sauce darf jetzt nicht mehr kochen. Sofort in eine Sauciere gießen.

Die Ente tranchieren und auf einer Platte zusammen mit den Pfirsichen anrichten. Die Sauce getrennt dazu reichen.

Huhn in Essig

Für 4 Personen

1 Huhn von etwa 1,6 kg, 2 EL Öl, 1 Stange Lauch,
1 Mohrrübe, 1 kleine Zwiebel, 1 Stange Bleichsellerie,
1 Tomate, in Stücke geschnitten,
1 Kräuterbund, bestehend aus 3–4 Petersilienzweigen,
1 Thymianzweig sowie 1 Lorbeerblatt und 1 Nelke,
3 EL Sherry-Essig, 0,15 l Weißwein, 0,2 l Hühnerbrühe,
2 EL Butter, mit etwas Mehl verknetet,
15 Koriandersamen, Salz und Pfeffer

Das Huhn samt Knochen in Stücke zerteilen. Die Gemüse (Lauch, Mohrrübe, Zwiebel, Bleichsellerie) putzen und in winzige Würfel schneiden. Das Öl in einem Topf erhitzen und die Hühnerstücke darin bei hoher Temperatur von allen Seiten kräftig anbraten. Die Gemüse zugeben, 2 Minuten anschmoren lassen und mit Essig, Weißwein und Hühnerbrühe löschen. Das Kräuterbund, Koriandersamen und Tomate zugeben, mit Salz und Pfeffer würzen und aufkochen lassen.

Den Topf in den auf 250° C vorgeheizten Ofen schieben und das Huhn zugedeckt etwa eine Stunde schmoren lassen. Den Topf aus dem Ofen nehmen, die Hühnerstücke herausnehmen und warm stellen. Die Sauce durch ein Sieb passieren, auf den Herd stellen und aufkochen lassen. Vom Herd nehmen und die mit Mehl verknetete Butter einmontieren. Die Sauce wieder aufs Feuer stellen, einige Minuten eindicken lassen und nochmals abschmecken.

Als Beilage zum Huhn in Essig schmeckt Bulgur (Buchweizengrütze) mit Zwiebeln oder Duftreis.

Süss-Speisen und Gebäck

Aprikosenspeise

Für 4 Personen

500 g Aprikosen, halbiert und entkernt, 5 Eier,
1/8 l Wasser, 110 g Puderzucker, 2 EL (30 g) brauner Zucker,
Aprikosenlikör oder -schnaps (nach Belieben)

In einem Topf Wasser und Puderzucker einige Sekunden zu einem Sirup aufkochen und abkühlen lassen. Die Eier bei niedriger Temperatur oder im Wasserbad mit einem Handmixer unter den Sirup schlagen, bis die Masse schaumig wird. Den Topf vom Herd nehmen. Die Creme mit einigen Tropfen Aprikosenlikör oder -schnaps parfümieren.

Die Aprikosen mit der Schnittfläche nach unten nebeneinander in eine feuerfeste Porzellanform setzen und nur so viel Eiercreme zugießen, daß sie die Früchte nicht ganz bedeckt und die Wölbungen der Aprikosen noch herausschauen.

Kurz vor dem Servieren mit dem braunen Zucker bestreuen und für etwa 3 Minuten in den sehr heißen Ofen schieben.

Die Aprikosenspeise schmeckt am besten, wenn sie lauwarm gegessen wird.

Mandelhörnchen

250 g Mehl, 1 Prise Salz,
200 g weiche Butter, in Stücke geschnitten, 150 g Mandeln,
100 g Zucker, 1 Ei, 50 g weiche Butter, etwas gemahlener Zimt,
2–3 EL Orangenblütenwasser, 50 g Puderzucker

In einer großen Schüssel Mehl, Salz und Butter miteinander verrühren. Damit der Teig glatt und elastisch wird, ein paar Tropfen eiskaltes Wasser unterrühren. An einem warmen Ort mindestens eine Stunde ruhen lassen.

In der Zwischenzeit die Füllung zubereiten. Dafür die Mandeln rösten und im Mörser ganz fein zerstoßen. Mit Zucker, Ei, Butter, Zimt und einem Eßlöffel Orangenblütenwasser verrühren.

Den Teig nicht zu dick, aber auch nicht zu dünn ausrollen und aus ihm Dreiecke ausschneiden. In die Mitte jedes Dreiecks ein kleines Röllchen Füllung setzen. Den Teig von der Breitseite her aufrollen und zu Hörnchen biegen. Den Teig mit einer Gabel einstechen und die Hörnchen mit Orangenblütenwasser bestreichen. Die Hörnchen auf ein gefettetes Backblech setzen und in den Ofen schieben. Bei mittlerer Temperatur etwa 30 Minuten goldbraun backen. Die Hörnchen während des Backens einige Male mit dem Orangenblütenwasser bestreichen. Die Mandelhörnchen aus dem Ofen nehmen, abkühlen lassen und mit Puderzucker bestäuben.

Gewürzkuchen

Für 6 Personen

250 g Honig, 250 g Roggenmehl, 10 g Backpulver, 1/8 l Milch,
3 Eier, 1 TL Ingwer, 1 TL Zimt, 1/2 TL gemahlener Sternanis,
geriebene Schale von 1 Orange, geriebene Schale von 1 Zitrone,
etwas Butter für die Form, etwas Puderzucker für die Form

Den Honig warm werden lassen und mit dem Handrührgerät Mehl, Milch, zwei ganze Eier und ein Eigelb unterrühren.

Backpulver, Gewürze und Orangen- und Zitronenschale zugeben und zu einem glatten Teig verarbeiten. Zum Schluß das zu Schnee geschlagene Eiweiß unterheben.

Eine Kastenform mit Butter bestreichen und mit Puderzucker bestäuben. Den Teig hineingeben und die Form in den auf 180° C vorgeheizten Ofen schieben. Den Gewürzkuchen gut eine Stunde backen.

BAKLAVA

Für 20–25 Küchlein
150 g Mehl, 150 g Butter, 0,1 l Wasser, 100 g Mandeln, 75 g ungesalzene Pistazienkerne, 100 g Zucker, 3 EL Rosenwasser, 1 TL gemahlener Kardamom, Sesamöl (nach Belieben)

Für den Sirup:
4 EL Wasser, 75 g Zucker, 3 EL Rosenwasser, 1 EL Orangenblütenwasser

Die Zubereitung des Blätterteigs aus Mehl, Butter und etwas Wasser erfordert Zeit und Sorgfalt, wenn er gut gelingen soll. Er muß mindestens sechsmal ausgerollt werden, damit er locker wird.

Die Füllung aus geschälten Mandeln und der Hälfte der Pistazien, die vorher geröstet und zerstoßen werden, Zucker, Kardamom und etwas Rosenwasser, das die Mischung bindet, herstellen.

Den vorbereiteten Teig ausrollen und in 6 bis 8 cm breite Streifen schneiden. In die Mitte etwas von der zu einem kleine Röllchen geformten Füllung setzen, den Teig übereinanderschlagen und die Ränder, die man vorher mit etwas Wasser bestrichen hat, fest zusammendrücken. Die Küchlein sollten eine Größe von etwa 4 cm haben.

Traditionell werden die Baklava-Küchlein einige Minuten in sehr heißem Sesamöl ausgebacken. Aus dem Öl herausnehmen und auf Küchenpapier gut abtropfen lassen. Danach werden die Küchlein mit einem Sirup aus Rosenwasser begossen. Dafür Wasser und Zucker einige Minuten einkochen lassen. Den dicklichen Sirup vom Herd nehmen und Rosenblüten- sowie Orangenblütenwasser unterrühren. Zum Schluß werden die Küchlein mit zerstoßenen Pistazien bestreut.

Man kann die Küchlein aber auch etwa 20 bis 25 Minuten im Ofen backen. Herausnehmen, mit Rosenwasser-Sirup begießen und mit zerstoßenen Pistazien bestreuen. So ist das Gebäck leichter und doch genauso schmackhaft.

MANDELCREME-KUCHEN

Für 4–6 Personen
300 g Blätterteig, 1/2 l Milch, 1 Vanilleschote, 3 EL (45 g) Mehl, 120 g Puderzucker, 6 Eigelbe, 50 g Butter, in kleine Stücke geschnitten, 100 g gemahlene Mandeln, 2 Tropfen Bittermandelöl, 5 EL Orangenblütenwasser, 0,1 l Sahne, 50 g Puderzucker

Die Torte wird aus einem lockeren Blätterteig zubereitet, für den man nur Butter bester Qualität verwenden sollte. Den fertigen Teig in zwei Hälften teilen und zu Fladen von etwa 2 bis 3 Millimeter Stärke ausrollen. Mit dem einen Teigfladen Boden und Wände der Backform auskleiden, der andere dient als Deckel.

Die Milch mit der Vanilleschote aufkochen lassen. Für die Füllung Eigelbe und Zucker zu einer hellgelben, schaumigen Masse rühren. Dann das Mehl, danach die abgekühlte Milch dazugeben. Die Creme bei sehr niedriger Temperatur oder im Wasserbad unter ständigem Rühren mit dem Schneebesen 2 bis 3 Minuten köcheln lassen. Vom Feuer nehmen und Butter, Mandeln, Bittermandelöl und etwas Orangenblütenwasser unterrühren.

Die Creme abkühlen lassen.

Die erkaltete Creme in die mit Teig ausgekleidete Form gießen und mit dem Teigfladen bedecken. Die Ränder des Teigdeckels vorher leicht mit einem feuchten Pinsel bestreichen und die Torte fest verschließen. Bevor man den Kuchen in den Ofen schiebt, mit einem spitzen Messer den Teigdeckel kreuzweise etwas einritzen, damit der Teig gleichmäßig aufgehen kann. Man kann den Teigdeckel auch durch kleine dünne, halbmondförmige Teigblättchen ersetzen, die, dachziegelförmig ausgelegt, ein hübsches Muster ergeben.

Den Blätterteigkuchen im sehr heißen Ofen etwa 20 bis 25 Minuten backen.

Den Kuchen aus dem Ofen nehmen, mit Orangenblütenwasser bestreichen und mit Puderzucker bestäuben. Lauwarm schmeckt er am besten, weil er dann am aromatischsten ist.

»FINGER DER ZENOBIA«

Für 4 Personen
250 g Grieß, 125 g weiche Butter, 1/4 TL Backpulver,
3 EL Orangenblütenwasser,
1/2 EL gemahlener Zimt, 4 EL Honig

Die Zubereitung des Teigs ist einfach. Man sollte ihn nur rechtzeitig herstellen, damit er gehen kann. Grieß, Butter, Orangenblütenwasser und Backpulver zu einem glatten Teig verrühren und an einem warmen Ort etwa einen halben Tag gehen lassen.

Aus dem Teig lange, dünne Rollen wie die »Finger der Zenobia« formen und im Ofen bei niedriger Temperatur etwa 15 Minuten backen. Aus dem Ofen nehmen und abkühlen lassen. Auf einem Teller anrichten, mit Zimt bestäuben und mit warmem Honig beträufeln. Vor dem Servieren etwas ziehen lassen, damit die Aromen von Zimt und Honig in das Gebäck einziehen können.

Finger der Zenobia

BEIGNETS MIT HONIG

Für 20 Beignets
125 g Mehl, 0,1 l Wasser, 1 Ei, Saft von 1/2 Zitrone,
1/2 Päckchen Backpulver, Öl zum Ausbacken

Für den Sirup:
750 g Zucker, 1/4 l Wasser,
1 EL Honig, 1 EL Orangenblütenwasser,
Puderzucker (nach Belieben)

Für den Teig Mehl, Wasser, Ei, Backpulver und Zitronensaft miteinander verrühren und eine Stunde ruhen lassen. Kurz vor dem Servieren die Beignets ausbacken. Löffelweise Teig abnehmen und nacheinander in einem Topf in heißem Öl ausbacken. Man sollte nicht zuviel Teig auf einmal ins Öl geben, weil es sonst zu stark abkühlt.

Die Beignets mit einem Schaumlöffel aus dem Öl nehmen und in den warmen Sirup tauchen. Für diesen Wasser und Zucker einige Minuten in einem Topf köcheln lassen, die Hitze reduzieren und Honig und Orangenblütenwasser unterrühren. Wenn der Sirup eine zähflüssige Konsistenz hat, kann man ihn vom Herd nehmen. Mit einer Gabel die Beignets leicht in den Sirup drücken, damit sie sich vollsaugen. Auf einer Platte anrichten und mit Puderzucker bestäuben.

Lob des Honigstrudels (Kataif)

Ich bewahre meinen Gästen für die Stunde, in der sich ihr
Appetit wieder regt, einen Honigstrudel, blättrig, wie die
Hefte eines Buches.
Er erscheint inmitten der anderen Gerichte und leuchtet in seiner
Blässe wie der üppige Saft der Bienen;
Er sondert das Mandelöl ab, mit dem er durchtränkt ist; er ist
feucht vom Sirup, in dem er schwimmt und versinkt.
Rosenwasser umwogt ihn und bedeckt ihn mit kleinen Tropfen.
Mit seinen wie die Buchblöcke übereinandergeschichteten Lagen
bringt er Freude ins Herz der Betrübten.
Noch schöner ist er in Stücke zerlegt: Jeder findet Gefallen an
dem, was er liebt.

Kuschadschim

Erdnussplätzchen

Für 20 Plätzchen

200 g Mehl, 120 g weiche Butter, 1 EL Olivenöl, 1 TL Salz, 1 Prise gemahlener Piment, 1 Ei, 1/2 TL Backpulver, 100 g Erdnüsse

Mehl, Salz, Piment, Butter, Öl, Ei, das in etwas Wasser aufgelöste Backpulver und etwas Wasser miteinander zu einem glatten, elastischen Teig verarbeiten und einige Stunden bei Zimmertemperatur gehen lassen.

Die Erdnüsse in der Pfanne in etwas Öl leicht rösten. Aus dem Teig Ringe formen, mit Erdnüssen bestreuen und auf ein leicht geöltes Backblech setzen. Im vorgeheizten Ofen bei mittlerer Temperatur etwa 20 Minuten backen.

Die knusprigen goldbraunen Plätzchen aus dem Ofen nehmen und auf Küchenpapier abkühlen lassen. Dazu paßt ein Gläschen Wein, der mit Früchten aromatisiert ist.

Mandeleis

Für 4 Personen

1/2 l Milch, 0,1 l Sahne, 100 g gemahlene Mandeln, 30 g Mandelstifte, 125 g Puderzucker, 5 Eigelbe, 1 Vanilleschote, 1 EL Kirschwasser oder 2 Tropfen Bittermandelöl

Die Milch mit der Vanilleschote aufkochen lassen. Die gemahlenen Mandeln unterrühren und einige Zeit ziehen lassen. Die Flüssigkeit durch ein Mulltuch filtern.

In der Zwischenzeit Eigelbe und Zucker zu einer hellgelben dicken Masse aufschlagen. Die Mandelmilch unterrühren und auf dem Herd bei sehr niedriger Temperatur oder im Wasserbad unter ständigem Rühren erwärmen. Dabei darauf achten, daß die Creme nicht kocht, weil das Eigelb sonst gerinnt. Vom Herd nehmen, geschlagene Sahne und Kirschwasser oder Bittermandelöl unterrühren.

Die Masse in eine Form füllen und gefrieren lassen.

Das Eis kurz vor dem Servieren aus der Form auf eine große Glasschale stürzen und mit den Mandelstiften garnieren.

Zitronen-Sorbet

Für 4–6 Personen

0,2 l Zitronensaft, 0,4 l Wasser, 150 g Puderzucker, Schale von 1/2 Orange, 2 Eiweiße, 100 g Puderzucker

Man beginnt mit der Zubereitung des Sirups, indem man Wasser, 150 g Puderzucker und die Orangenschale etwa 2 bis 3 Minuten kocht. Den Topf vom Herd nehmen und den Zitronensaft unterrühren. Besser ist, man verwendet Limonensaft, weil der ein milderes Aroma hat. In eine Form gießen und gefrieren lassen.

Wenn man keine Eismaschine besitzt, kann man mit Eischnee dem Sorbet eine cremige Konsistenz geben. Dazu Eiweiße im Wasserbad aufschlagen und nach und nach den Puderzucker zu einem steifen Eischnee einarbeiten. Das bereits festgewordene Sorbet aus dem Gefrierfach nehmen, aufschlagen und den Eischnee unterrühren. Das Sorbet wieder in die Form füllen und mindestens eine Stunde ins Gefrierfach stellen.

Zum Servieren das Sorbet aus der Form nehmen, in eine Glasschale geben und mit einigen frischen Früchten dekorieren.

Honigeis

Honigeis

Für 4 Personen

½ l Milch, 1 Vanilleschote, 5 Eigelbe,
100 g Kastanienhonig,
0,1 l Sahne, 75 g kernlose Rosinen, 2 EL weißer Rum,
4 frische Feigen, 3 EL brauner Zucker

Die Zubereitung ist ähnlich wie die für das Mandeleis.

Zuerst die Milch mit der Vanilleschote aufkochen lassen. Vom Herd nehmen und vorsichtig die schaumig geschlagenen Eigelbe unterrühren. Die Creme bei niedriger Temperatur auf dem Herd oder im Wasserbad so lange mit einem Handmixer aufschlagen, bis sie dick wird. Den Honig unterrühren und vom Herd nehmen. Etwas abkühlen lassen. Geschlagene Sahne und die in heißem Rum eingeweichten, grobgehackten Rosinen unterrühren. In eine Form füllen und gefrieren lassen.

Die Feigen waschen, aber nicht schälen, und so aufschneiden, daß sie sich wie eine Blüte öffnen. Auf einen feuerfesten Teller setzen, mit braunem Zucker bestreuen und im heißen Ofen karamelisieren lassen. Noch warm um das Eis herum anrichten und servieren.

PRALINEN AUS GETROCKNETEN FRÜCHTEN

80 g Mandeln, 100 g Datteln, 100 g getrocknete Feigen, 100 g Puderzucker, 1 Prise Zimt, 2 EL Rosenwasser, 1 EL Öl

Die Zubereitung der Pralinen ist höchst einfach. Alle Früchte sehr fein zerkleinern und gründlich miteinander verkneten. Die Mandeln vorher in einer Pfanne in etwas Öl einige Minuten rösten, dadurch werden sie aromatischer.

Die Hälfte des Zuckers, Zimt und Rosenwasser einarbeiten. Aus der Masse kleine kugelförmige Pralinen formen. Die Pralinen mit Puderzucker bestäuben und in weiße Papierförmchen setzen.

GRANATAPFEL-GELEE

1 l Granatapfelsaft, 1 kg Zucker, 3 EL Rosenwasser, 50 g ungesalzene Pinienkerne, 50 g Mandeln, 50 g Rosinen, Pfeffer (nach Belieben)

Die Granatäpfel halbieren und den Saft auspressen.

Anschließend die Kerne in ein feines Sieb geben und mit einem Löffel kräftig den restlichen Saft ausdrücken. Saft und Zucker in einen Topf geben und etwa 20 Minuten kochen lassen, bis der Saft eingedickt ist und den Rücken eines Löffels überzieht. Den aufsteigenden Schaum immer wieder abschöpfen. In der Zwischenzeit Pinienkerne, Mandeln und Rosinen grob hacken und einige Minuten im Rosenwasser ziehen lassen. In den Topf geben und mit einigen Umdrehungen Pfeffer aus der Mühle würzen, der dem Ganzen einen gewissen Pfiff gibt. Noch etwa 2 Minuten köcheln lassen.

Die Konfitüre in flache Schalen gießen, da bleiben die Früchte gleichmäßig verteilt, und abkühlen lassen, bis sie geliert. Man kann das Gelee auch zu Fleisch und Geflügel servieren.

ORANGENSALAT

Für 4 Personen

4 Orangen, Saft von 1 Zitrone, 2 EL Puderzucker, 1 EL Rosenwasser, 50 g Johannisbeeren, 10 Minzblätter, in feine Streifen geschnitten, 50 g grüne Mandeln (nach Belieben)

Die Orangen schälen, in dünne Scheiben schneiden und in eine Glasschüssel geben. Mit Puderzucker bestäuben und mit einer Mischung aus Zitronensaft und Rosenwasser begießen. Eine gute Stunde kalt stellen.

Zum Servieren den Orangensalat mit den halbierten grünen Mandeln, Johannisbeeren und Minze bestreuen.

ÄPFEL MIT KARAMELSAUCE

Für 4 Personen

4 Äpfel, Saft von 1 Zitrone, 18 Stück Würfelzucker, etwas Zimt (nach Belieben), 3 EL brauner Zucker (nach Belieben)

Für die Sauce:

15 Stück Würfelzucker, 0,1 l Sahne

Die Äpfel schälen, vierteln und entkernen. Mit Zitronensaft beträufeln, damit sie sich nicht verfärben. In einem großen Topf den Würfelzucker mit etwas Wasser bei hoher Temperatur aufkochen und leicht karamelisieren lassen. Dann die Äpfel hineingeben und mit einem Holzlöffel umrühren, damit sie von allen Seiten mit dem Karamel überzogen werden. Nach Belieben mit etwas Zimt abschmecken und die Äpfel etwa 10 Minuten leise köcheln lassen. Sie sollten weich sein, dürfen aber nicht zerfallen. Vom Feuer nehmen und abkühlen lassen.

Für die Sauce einen zweiten Karamel zubereiten. Wenn er eine schöne goldbraune Farbe angenommen hat, vom Herd nehmen und kräftig die Sahne unterrühren. Den Topf wieder auf den Herd stellen und die Karamelsauce etwa 10 Minuten sanft köcheln lassen.

Die Äpfel auf einer Platte anrichten, mit der Karamelsauce umgießen und lauwarm servieren. Mehr Pfiff bekommt das Dessert, wenn man die Früchte außerdem mit braunem Zucker bestreut und etwa eine Minute unter den sehr heißen Grill schiebt.

Dunkler Nougat

500 g Akazienhonig, 500 g geschälte Mandeln

Den Honig unter ständigem Rühren mit einem Holzlöffel langsam aufkochen lassen. Wenn er beginnt Blasen zu werfen, die ganzen Mandeln hineingeben. Unter Rühren so lange köcheln lassen, bis die Mandeln auseinanderplatzen und der Honig eine goldbraune Farbe hat.

Den Honig auf eine geölte Marmorplatte gießen, die durch einen Holzrahmen eingefaßt ist. Der Nougat soll nicht dicker als 2 bis 3 cm sein, damit man ihn, wenn er abgekühlt ist, leicht in kleine Würfel schneiden kann. Die Nougatwürfel in weiße Papierförmchen setzen und an einem trockenen Ort bei Zimmertemperatur aufbewahren.

Rosensirup

½ l Wasser, 900 g Puderzucker,
Saft von 1 Zitrone, ¼ l Rosenwasser

Die Zubereitung des Sirups ist höchst einfach. Das Wasser aufkochen lassen, den Zucker zugeben und bei niedriger Temperatur einige Minuten köcheln lassen. Zitronensaft und Rosenwasser unterrühren und nochmals einige Minuten köcheln lassen. Den Sirup durch ein sehr feines Sieb filtern und kalt stellen.

Zum Servieren Eiswürfel in eine Karaffe geben und eventuell etwas Wasser zugießen, um den Sirup zu verdünnen.

Dessert aus Rosenblütenblättern

Für 3 kleine Schälchen
200 g Rosenblütenblätter, 300 g Puderzucker,
Saft von 2 Zitronen, 0,2 l Wasser, 3 EL Rosenwasser

Um diese sehr rare Süßigkeit herzustellen, sollte man die Blütenblätter der Damaszener-Rose *(Rosa damascena)* verwenden, sie eignet sich dafür am besten. Um den Blütenblättern die Bitterkeit zu nehmen, sollte man den Blütenansatz wegschneiden.

In eine große Schüssel Blütenblätter, Saft einer Zitrone und Zucker geben und ziehen lassen. Das Ganze in einen Topf geben, Wasser zugießen und etwa 45 Minuten köcheln lassen.

Den Saft der zweiten Zitrone zufügen, aufkochen lassen und vom Feuer nehmen. Das Rosenwasser unterrühren.

Das Dessert in kleine Schälchen gießen und noch warm servieren. Man kann das Dessert auch im Mixer pürieren, bevor man es in Schälchen füllt.

Ma'mûniya

Für 4 Personen
125 g feiner Hartweizengrieß,
50 g Butter, 75 g Zucker, ½ l Milch, Zimt

Dieses Gericht, das zu den Lieblingsdesserts des Kalifen Ma'mûn gehörte, läßt sich schnell und einfach zubereiten. In einem Topf die Hälfte der Butter zerlassen und den Grieß darin unter ständigem Rühren mit einem Holzlöffel goldgelb anrösten. Er darf aber nicht zu dunkel werden.

Milch und Zucker in einem Topf aufkochen lassen und nach und nach den Grieß kräftig unterrühren, bis er eindickt. Den Brei etwas köcheln lassen. Vom Herd nehmen und die restliche Butter unterrühren. Den Grießbrei in eine Schüssel geben, mit Zimt bestreuen und noch lauwarm oder kalt servieren. Es ist eine köstliche und auch leichte Nachspeise.

ROSEN-SORBET

Für 4–6 Personen

1/4 l Wasser, 225 g Zucker, 2 EL Rosenwasser, Saft von 1 Orange, 1 Eiweiß, 2 TL Pfefferkörner

Ein Sorbet wird stets auf der Basis eines Sirups zubereitet. Hierfür Wasser und Zucker in einem Topf aufkochen. Vom Herd nehmen und Rosenwasser, Orangensaft und Pfefferkörner unterrühren.

Etwa 15 Minuten ziehen lassen, durch ein feines Sieb gießen und abkühlen lassen.

Das Eiweiß zu Schnee aufschlagen, unter den Sirup heben und in die Eismaschine geben. Das Sorbet in eine Schüssel füllen und mindestens 2 Stunden gefrieren lassen.

Das Rosen-Sorbet kann man mit anderen Frucht-Sorbets, mit Mandelhörnchen oder Gewürzkuchen servieren.

EIS MIT EINGELEGTEN FEIGEN

Für 4 Personen

250 g eingelegte Feigen, 1/2 l Milch, 5 Eigelbe, 3 EL Sahne, 2 EL Honig, eine Prise Pfeffer aus der Mühle

Die Eigelbe zu einer hellgelben Masse aufschlagen. Im Wasserbad die heiße Milch in dünnem Strahl unter ständigem Rühren mit einem Schneebesen zugießen und die Creme dick werden lassen. Sie darf nicht kochen, weil sonst die Eigelbe gerinnen. Die Eicreme vom Herd nehmen, wenn sie den Rücken eines Löffels überzieht.

Sahne und die im Mixer zerkleinerten Feigen (eine bis zwei ganze Feigen zum Garnieren beiseite stellen) unterrühren und mit einer Prise gemahlenem Pfeffer würzen, der dem Ganzen etwas Pfiff gibt. Die Masse in die Eismaschine geben. Das fertige Eis in eine Form füllen und für mindestens eine Stunde ins Tiefkühlfach stellen.

Die restlichen Feigen in kleine Stücke schneiden und das Eis damit garnieren. Das Eis mit etwas Halwa oder kleinen, süßen Windbeuteln servieren.

GLOSSAR
ZUR LEBENSKULTUR IN DEN ZEITEN VON TAUSENDUNDEINE NACHT

Abbasiden. Zweite Herrscherdynastie der islamischen Welt, die im Jahre 749 die Omaijaden (s. Damaskus) ablöste und, bis zum Fall von Bagdad (1258), 500 Jahre lang regierte, wenn auch das Kalifat im 11. Jahrhundert unter die Schutzherrschaft der Seldschuken gestellt wurde. Die islamisch-arabische Zivilisation erlebte damals ihren Höhepunkt mit einer beachtlichen Entwicklung in der Medizin, den Naturwissenschaften, der Kunst und der Literatur. Aus einer wahrhaft »persisch-arabischen Symbiose« entstand unter der Regentschaft von Harun al-Raschid und seinem Sohn, dem Kalifen al-Ma'mûn, eine hochentwickelte Kultur, die als das goldene Zeitalter bezeichnet wird (s. Kalif).

Abnus. Die Halbinsel Abnus, ein Teil der sagenhaften Ebenholzinseln, liegt wahrscheinlich in Indien.

Bäder. Das türkische Dampfbad, das auf die römischen Thermen zurückgeht, war und ist noch heute bei den Arabern einer der bevorzugten Orte des Gesellschaftslebens. In der Regel handelte es sich um öffentliche Bäder, in denen die Männer auf der einen, die Frauen auf der anderen Seite untergebracht waren, und die man häufig – vor allem vor Familienfeiern und religiösen Festen – aufsuchte. Das Gebot, sich zu reinigen, findet sich übrigens im Heiligen Buch (Koran IV-6 und V-6). Nur in den Häusern der Reichen und natürlich im Palast des Sultans gab es private Dampfbäder. Die Frauen verbrachten dort viele Stunden mit der Schönheitspflege (Einreiben mit parfümierten Ölen und Salben, Massage, Enthaarung, Schminken der Augen mit Kajal, Färben der Haare und Nägel mit Henna usw.) und mit Plaudereien. Die langen Sitzungen im heißen Dampf dienten der Pflege der Haut. Von Zeit zu Zeit schöpfte man mit silbernen oder kupfernen Schalen abwechslungsweise heißes und kaltes Wasser aus den Becken und Wannen und übergoß sich damit. Es war jedoch undenkbar, direkt in die Becken zu springen, da das ruhende Wasser angeblich die Dämonen anlockte. Man ging auch nicht barfuß, wiederum wegen der Dämonen, die in den dunklen Ecken des Dampfbads lauerten, aber natürlich auch, um sich die Füße nicht auf dem heißen Marmor zu verbrennen. Die Frauen trugen daher hölzerne Sockelsandalen, deren Absätze häufig mit Perlmutt besetzt waren. Im neben dem Badesaal gelegenen Ruheraum erholte man sich nach dem Bad auf weichen Kissen, plauderte, spann Intrigen, schmiedete Pläne, besonders natürlich Heiratspläne, aß Gebäck und trank Eislimonade oder Zitronen- und Rosensirup.

Bagdad. Ursprünglich Stadt des Friedens genannt, war Bagdad, an der Stelle einer ehemaligen babylonischen Stadt am Westufer des Tigris gegründet, bis zu seiner Zerstörung durch die Mongolen im Jahr 1258 die Hauptstadt des abbasidischen Reiches. Sie lag an der Kreuzung der großen Verkehrswege nach Indien und Persien. Ihr Glanz zu den Zeiten der abbasidischen Kalifen wurde von allen Dichtern gepriesen: »Bagdad, die goldene Stadt, verwöhnte ihre Gebieter, die Barmakiden (s. Wesir), wie eine verliebte Sultanin, schmeichelnd und zärtlich, untergeben und erfahren, hingebungsvoll und glückspendend« (Catherine Hermary-Vieille).

Barmakiden. Berühmte und reiche Familie persischen Ursprungs, die von den abbasidischen Kalifen mit Regierungsaufgaben betraut wurde und am Hof die persische Kultur und Lebenskunst eingeführt hat. Dscha'far, der Wesir von Harun al-Raschid, war eine der berühmtesten Persönlichkeiten dieses Herrschergeschlechts, das mit ihm in Ungnade fiel (s. Wesir).

Basra. Großer Handelshafen am Euphrat-Tigris-Delta, der den gesamten Handel von Indien und dem hinteren Orient mit den Mittelmeerländern kontrollierte. Lange Jahre spielte er die Rolle einer halb unabhängigen Metropole. Als Bagdad das Zentrum des politischen, kulturellen und wirtschaftlichen Lebens wurde, sank seine Bedeutung auf den Status einer einfachen Provinzstadt.

Damaskus. Wegen der Fruchtbarkeit seiner Gärten und Obstplantagen, die es zu einer blühenden, besonders für ihre Rosen und Aprikosen berühmten Oase machten, galt Damaskus mit Samarkand als eines der irdischen Paradiese, das den Wüstenmenschen vorbehalten war. Es war der Sitz der Omaijaden bis zu ihrer Niederwerfung durch die Abbasiden im Jahr 750, die das Zentrum ihrer Macht nach Bagdad (s. oben) verlegten. Es sank danach auf den Rang einer einfachen Provinzstadt des abbasidischen Reichs ab.

Dichtkunst. Sie bildet einen unentbehrlichen Bestandteil der arabischen Lebenskultur und verkörpert die arabische Seele in einem solchen Maße, daß sogar der Koran in einer Sprache rhythmischer Prosa verfaßt ist, die der Poesie nahekommt. In der abbasidischen Epoche gehörte der anerkannte Dichter zur Elite, zu jenen gebildeten Männern, die am Hofe und in den Prinzenpalästen verkehrten, da die Potentaten sich darin gefielen, Dichter und Wissenschaftler in ihren Diensten zu haben. Höhepunkte der Mahlzeiten und Abendgesellschaften unter Freunden waren die Rezitationen von Gedichten, von Liebes- und Blumengedichten, bacchantischen und auch kulinarischen Versen (s. Küche), die von Musik begleitet wurden (s. Musik). Am meisten schätzte das Publikum die Fähigkeit des Dichters, Verse aus dem Stegreif zu improvisieren, oder auch den Dichterwettstreit, bei dem verschiedene Poeten ihr Talent und ihren sprühenden Geist unter Beweis stellten. Die im eigentlichen Sinne ästhetische Qualität des Gedichteten war von nur sekundärer Bedeutung. Es wird erzählt, daß ein vom Kalifen zum Tode verurteilter Dichter von diesem begnadigt worden sei, weil er, als er sich schon am Hinrichtungsort befand, einige improvisierte Verse zum besten gegeben habe.

Von daher ist es nicht erstaunlich, daß die enge Verknüpfung von Prosa- und Versdichtung ein charakteristisches Merkmal arabischer Erzählkunst ist. Die Geschichten von *Tausendundeine Nacht* sind mit Hunderten von Gedichten angereichert, die »ein Spiel schillernder Bezüge zwischen dem Ausgesprochenen und dem Unausgesprochenen« entfalten und aus dem geringfügigsten Detail des täglichen Lebens ebenso wie aus der Liebesleidenschaft ein anschauliches Bild entstehen lassen, das den Erzählungen eine unvergleichliche Ausstrahlung verleiht.

Diener. S. Sklaven.

Dschinn. Eine besondere Art von Geistern, die nicht aus Ton, sondern aus dem reinen Feuer ohne Rauch entstanden sind (Koran, LV-15). Sie sind zwischen Himmel und Erde, im luftigen Raum, angesiedelt und üben ihre guten wie auch bösen Mächte auf den Menschen aus. Die Ifrite sind eine Abart der Dschinn und besonders bösartige Dämonen. Dschinn und Ifrite spielen in den Volksmärchen, und damit auch in *Tausendundeine Nacht*, eine große Rolle. Scheherazade erwähnt einen weiblichen Dämon, der vom Teufel abstammt, den Namen Maymuna trägt und in der Tiefe eines alten Brunnens, einem Relikt aus römischen Zeiten, wohnt: »Die weibliche Ifrite stieg plötzlich aus dem Brunnen, um einen hohen Kreis in den Lüften zu ziehen. Sie hatte Lust, ihrer Seele eine zarte Gefühlsbewegung einzugeben, und zählte daher auf die Musik der himmlischen Sphären. Als sie ein Licht im Turm erblickte ...«

Der Prototyp des bösen Geistes ist der Teufel, Iblis, der rebellische Engel, der gefallen ist, da er sich geweigert hatte, sich vor Adam, der Kreatur Gottes, zu verneigen (Koran, VII-11). Nach einer ägyptischen Legende hat Iblis unzählige Nachkommen, da er tagtäglich Hunderte von weiblichen und männlichen Teufeln zeugt, und dies dank eines männlichen Geschlechtsteils, das sich an seiner rechten Lende befindet, und eines weiblichen Geschlechtsteils an seiner linken Lende.

Emir. Befehlshaber. Einige Emire sind auch die Obersten des Landes und in dieser Eigenschaft mit der Macht des Kalifen ausgestattet, dessen Herrschaft sie auf Landesebene ausüben.

Enthaarung. Die tiefe Aversion der Araber gegen die weibliche Behaarung geht angeblich auf die legendäre Begegnung zwischen König Salomo und Bilkis, der Königin von Saba, zurück. Man erzählt, daß Bilkis, als sie den Palast des Königs Salomo betrat, dessen Boden mit Spiegeln ausgelegt war, ihren Rock geschürzt habe, da sie glaubte, durch Wasser zu gehen. Da habe der König ausgerufen: »Die Behaarung ist der Schmuck des Mannes, sie verunstaltet die Frau ...«, und habe sich geweigert, sie zu empfangen. Dank des Eingreifens der Dschinn (s. oben) hatte dieser Zwischenfall keine Folgen, da diese schnell ein wirksames Enthaarungsmittel herstellten, das die Königin sogleich auf ihre Beine auftrug. So wurde ihr Zutritt zu den Privatgemächern des Königs gewährt, in denen sie die wahre Liebe kennenlernte. Aus dieser Verbindung entstand Menelek I., der Sohn des Weisen genannt, der das erste Königreich von Äthiopien gründete. Seit dieser Zeit wird die völlige Enthaarung als eine Grundbedingung weiblicher Schönheit angesehen. Sie blieb – eigentlich göttlichen Ursprungs – über die Jahrhunderte ein wichtiger, kaum veränderter Bestandteil der Schönheitspflege. Die Enthaarung wurde von den arabischen Frauen mittels einer heißen Paste durchgeführt, die zunächst aus Kreide, später aus Zucker und Zitronensaft bestand.

Erotik. S. Verführung.

Ehrengewand. Kleidungsstück aus bestickter Seide, das der Herrscher seinen Würdenträgern verlieh, um sie öffentlich für ihre Dienste auszuzeichnen.

Erzähler. Die Erzählkunst ist – die Geschichten aus *Tausendundeine Nacht* legen davon ein beredtes Zeugnis ab – in der arabischen Kultur eine der höchsten Künste. Sie hat sich mit den Erzählern entwickelt, die ihre Phantasie aus dem reichen Schatz der indischen, persischen, ägyptischen oder sogar griechischen Märchen und Erzählungen speisten. Der Erzähler, häufig ein ehrwürdiger Scheich, versammelte einen Kreis um sich und spann Tag für Tag zur Freude seiner Zuhörerschaft, die sich aus Kaufleuten, Wasser- und Lastträgern zusammensetzte, den Faden seiner Geschichte. Täglich fand sich das treue Publikum wieder ein, um die Fortsetzung der Geschichte zu hören, die sich über mehrere Wochen hinziehen konnte.

Scheherazade, die zentrale Figur aus *Tausendundeine Nacht*, ist die ideale Verkörperung dieser Kunst des Erzählers, seine Zuhörerschaft durch eine Folge von untereinander verknüpften Geschichten in Atem zu halten.

Eßkultur. Wenn auch die arabische Küche von den großen Kulturen, die ihr vorausgegangen sind, also der griechischen, der römischen oder persischen, geprägt ist, so hat sie doch unzweifelhaft in vielfältiger Weise die Eßkultur bereichert, diese Kunst, feine Speisen zuzubereiten und den Geschmack zu kultivieren. Die subtile Verbindung von Süßem und Saurem, die auf einer ausgewogenen Verwendung von Kräutern und Gewürzen basiert und sich an der Tafel der abbasidischen Kalifen herausbildete, hat im Laufe der Zeit auch in anderen Palästen Verbreitung gefunden. Die Wiederentdeckung der orientalischen und, im besonderen, der arabischen Küche durch viele große französische Meisterköche weist ihr einen bedeutenden Platz in der langen Geschichte der Eßkultur zu. Selbst wenn die hier vorgestellten Rezepte an die Art und Weise moderner Ernährung angepaßt sind, so ist doch ihre entfernte Verwandtschaft mit der Küche aus *Tausendundeine Nacht* nicht zu verkennen.

Die Hofdichter, die die Tafel des Kalifen (s. Küche) priesen, scheuten sich nicht, raffinierten Speisen für den Geist eine ebenso große Bedeutung beizumessen wie für das leibliche Wohl.

Und auch heute gibt es viele in Frankreich, die sich mit Nachdruck für die Wiederentdeckung der wahren Werte der Eßkultur einsetzen, da sie der Ansicht sind, daß »das Gehirn auch das Organ ist, das die ästhetischen Freuden der Eßkultur ermöglicht« (Jean-Marie Bourre), und daß die Eßkultur »die Intelligenz in gleichem Maße fördert wie den Sinn für Musik oder Malerei« (Jean-Robert Pitte).

Eunuche. Kastrierter Mann, der mit der Aufgabe betraut war, den Harem und die Kinder zu beaufsichtigen. In jeder reichen Familie gab es zumindest einen, manchmal auch mehrere Eunuchen unter der Dienerschaft; sie waren Kammerdiener, Haushofmeister o. ä. Da die islamische Religion die Kastration verbietet, waren die Eunuchen meist Schwarze, die, wie die anderen Sklaven auch, in den afrikanischen Ländern gekauft wurden. Es wird berichtet, daß man sich bei den Eroberungszügen und Plünderungen der byzantinischen Klöster auf billige Weise Eunuchen verschaffen konnte, da die Mönche häufig kastriert waren, angeblich um den Frauen einen gefahrlosen Kirchenbesuch zu ermöglichen.

Fleisch. Lamm, Ziege und Huhn stellen den Hauptanteil der fleischlichen Ernährung dar, wobei das Huhn eindeutig bevorzugt wird. So kennt etwa das *Kitâb al-Wusla* (s. Küche) nicht weniger als 74 Hühnerrezepte (gebraten, mit Zitrone, Pistazien, Mandeln, Orangen, Maulbeergelee, Rosenkonfitüre, Quitten, Essig usw.), und manchmal sogar verschiedene Zubereitungsarten für dasselbe Gericht. Die große Vielfalt der Rezepte stellt ein untrügliches Zeichen für eine äußerst phantasievolle und raffinierte Küche dar.

Garten. Das islamische Paradies wird beschrieben als ein riesiger Garten mit üppiger Vegetation, Blüten- und Obstbäumen, rauschenden Bächen und Vogelgezwitscher. So sieht der Traum aus, der die arabische Vorstellungswelt prägt und den die schönen Künste und die Literatur widerspiegeln. Daraus erklärt sich auch die große Bedeutung, die die Gärten in der islamischen Kultur besitzen. Meist von hohen Mauern umgeben, bildet der Garten die äußere Verlängerung der Frauengemächer und bietet mit seiner reichhaltigen Vegetation und der Kühle, die dem Blattwerk und den »irisierenden Perlenregen« versprühenden Springbrunnen entströmt, einen besonders angenehmen Lebensraum. Die persischen Dichter rühmen die Eleganz der Zypressen, die »mit ihrem schlanken Wuchs« einen unentbehrlichen Schmuck der Gärten darstellen, ebenso wie die Magie der Rosen (s. Rose), deren geheime Sprache nur dem Rotkehlchen, dem »Vogel der Morgenröte«, verständlich ist.

»Zephyr, wenn Du vorüberkommst
An der Blumenwiese der Jugend,
Grüße von mir die Zypern,
Die Duftkräuter und die Rosen.«
(Hafis)

Geldwechsler. Er spielt bei allen Handelsgeschäften eine sehr wichtige Rolle. Seine Aufgabe ist es, mittels einer Münzwaage das Gewicht der Geldstücke festzustellen, da alle Geschäfte nur mit »klingender, vollgewichtiger Münze« getätigt wurden und nicht mit abgezählten Geldstücken.

Gemüse und Obst. Die arabische Küche hat die persische Tradition übernommen, dem Gemüse und dem Obst bei der Zubereitung der Speisen eine wichtige Rolle beizumessen. Neben den Hängenden Gärten von Babylon, die nicht nur dank ihrer phantastischen Anlage zu den Sieben Weltwundern gezählt werden, sondern auch wegen ihres Reichtums an verschiedenen Gemüsen und Früchten, sind auch die Gärten von Damaskus (s. oben) für die üppige Vielfalt ihrer Erzeugnisse berühmt geblieben. Dort wurden vor allem Spargel angebaut, ein Gemüse, das die abbasidischen Kalifen sehr schätzten und das sie mit großen Kosten aus Bagdad kommen ließen.

Zu den in den Kochbüchern der abbasidischen Epoche am häufigsten erwähnten Gemüsen zählen Gurken, grüne Bohnen, Trockenbohnen, Auberginen, Kürbis, weiße Rüben, grüner Fenchel, Mangold, Spargel, Blumenkohl, dicke Bohnen und Kichererbsen. Sie wurden entweder gekocht und kalt mit sauren Säften (Saft von gegorenem Wein, Apfel- oder Rhabarbersaft oder Sauermilch) oder Essigsaucen serviert oder auch in Essig eingelegt (z. B. Auberginen, weiße Rüben, Gurken, Quitten, Zwiebeln, Sellerie). Speisen mit gegrilltem oder gekochtem Fleisch wurden zumeist mit einem Gemüse wie Auberginen, Gurken, Spinat, dicken Bohnen oder mit Früchten (Mandeln, grünen Trauben, Rosinen, Aprikosen, Datteln, Äpfeln, Pflaumen, Quitten, Pistazien usw.) zubereitet. Da man der Aubergine magische Kräfte zuschrieb, schwärmten besonders die Frauen dafür. Der Legende nach ist ein Mädchen nur dann gut zu verheiraten, wenn es mindestens 50 verschiedene Arten der Zubereitung von Auberginen beherrscht. Von den berühmten Rezepten seien hier nur die Auberginen bûranîya oder à la Bûrân erwähnt, nach dem Namen der Frau des Kalifen Ma'mûn (s. Kalif). Frische oder getrocknete Früchte nahmen ebenfalls einen großen Platz bei der Ernährung ein, vor allem Granatäpfel, Aprikosen, Pfirsiche und Pflaumen, ebenso wie Zitronen und Orangen. Orangen- und Zitronenbäume waren aus China importiert und zur Zeit der Sassaniden in Persien angebaut worden.

Getränke. Es handelt sich dabei in der Hauptsache um nicht-alkoholische Getränke (s. Wein) auf der Grundlage von Zitronen-, Aprikosen-, Orangen-, Granatapfel-, Mandel- oder Rosensirup. Da diese Getränke süß waren, wurden sie meist mit Eis serviert oder, besser noch, als Sorbets (auf arabisch *schurba*).

Kaffee tauchte erst im 14. Jahrhundert an der Tafel des Kalifen auf, als der Kaffeestrauch im Jemen angepflanzt wurde. Mehrere Jahrhunderte besaß der Hafen Mokka am Roten Meer das Exportmonopol für Kaffee. Der Tee, der aus China importiert wurde, war im Iran erst im 13. Jahrhundert bekannt und fand erst viel später allgemeine Verbreitung.

Gewürze und Kräuter. Der Duft der Gewürze und Kräuter hüllt die arabische Küche vollständig ein. Eigentlich müßte dies nicht eigens erwähnt werden, es sei denn, um daran zu erinnern, daß Gewürze und Kräuter seit der legendären Karawane der Königin von Saba, die mit Gewürzen und Edelsteinen beladen aus dem Glücklichen Arabien zu König Salomo gezogen kam, stets als ein Zeichen von Reichtum betrachtet wurden.

Es ist daher nicht erstaunlich, daß man an der Tafel der abbasidischen Kalifen seinen ganzen Stolz daransetzte, den Gästen die erlesensten Düfte zu kredenzen. Das ging so weit, daß Zwiebeln und Knoblauch häufig durch graue Ambra oder Moschus ersetzt wurden, da deren Gerüche kaum vereinbar mit der hoch verfeinerten Eßkultur schienen.

Selbst wenn Gewürze und Duftkräuter bei allen Arten von Speisen und sogar bei der Zubereitung von Brot und manchmal auch von Gebäck Verwendung fanden, so zeigt sich in ihrem angemessenen Gebrauch doch viel von jener Kochkunst im eigentlichen Sinne, die darin besteht, das rechte Maß der Duftnoten zu finden. Bleibt noch anzumerken, daß sich die am häufigsten verwendete Kräutermischung den Autoren der Epoche zufolge aus Lavendel, Betel, Lorbeerblättern, Muskat, Kardamom, Gewürznelken, Rosenknospen, Bucheckern, Ingwer und zerstoßenem Pfeffer zusammensetzte.

Harem. Ein den Frauen vorbehaltenes Gemach, selbst wenn es nur eine im Haus gab. Die Frauen lebten dort verschleiert, und außer dem Hausherrn oder den Eunuchen hatte kein Mann das Recht, dort einzudringen. Der Harem ging meist auf einen bepflanzten Innenhof, der mit der gleichen ausgesuchten Sorgfalt ausgestaltet war wie das Zimmer, dessen äußere Fortsetzung er war. In der abendländischen Vorstellung ist der Harem des Sultans zu einem mythischen Bereich geworden, einem Ort des Luxus und der Ausschweifung, obwohl hier in Wirklichkeit häufig nur Intrigen, Komplotte oder Greueltaten aller Art geschmiedet wurden. So wird berichtet, daß im 17. Jahrhundert

Sultan Ibrahim während einer Orgie alle Frauen des Harems in einen Sack stecken und ins Meer werfen ließ, um sich so in den Genuß weiterer, neuer Frauen zu bringen...

Huris. Jungfrauen von makelloser Schönheit, die der Islam den Gläubigen im Paradies verheißt (Koran, LV-56–70).

Ifrite. S. Dschinn.

Islam. Wörtlich übersetzt bedeutet das Wort »Ergebung in den Willen Gottes«. Der Islam ist neben dem Judentum und Christentum die dritte große, aus dem Vorderen Orient stammende ·Weltreligion. Sie wurde von dem Propheten Mohammed zwischen 610 und 622 n. Chr. offenbart. Der Koran (auf arabisch al-Qur'ân, »feierliche Lesung«), ist das heilige Buch des Islam, das die göttliche Offenbarung enthält. Die Auswanderung Mohammeds von Mekka nach Medina, Hedschra genannt (24. September 622 nach christlicher Zeitrechnung), markiert den Beginn der islamischen Zeitrechnung, deren erstes Jahr am 16. Juli 622, dem ersten Tag des Mondjahres, beginnt.

Kalif. Er ist der Nachfolger des Propheten und der Gebieter der Gläubigen. Die Heiligkeit seiner Person und seines Amtes zeigt sich schon in der Anrede, da alle Personen gehalten sind, ihn mit dem Titel »Emir der Gläubigen« oder »Befehlshaber der Gläubigen« zu grüßen. Während des ganzen Mittelalters vereinigte er sowohl die religiöse als auch politische Macht auf sich. Einer der berühmtesten, Harun al-Raschid, wurde im Alter von 23 Jahren zum Kalifen ernannt. Seine Regentschaft (786–809) und die seines Sohnes, des Kalifen Ma'mûn (813–833), bleiben für immer verbunden mit der ruhmreichen Epoche des abbasidischen Kalifats (s. Abbasiden). Verewigt durch *Tausendundeine Nacht*, sind der Ruhm von Harun al-Raschid, seine Possen, der Prunk seines Hofes und die Lebenskunst im goldenen Zeitalter des abbasidischen Kalifats zur Legende geworden.

Karawanserei. Wie der Name schon sagt, war die Karawanserei der »Palast der Karawane«. Als Hochburgen des sozialen Lebens eines Volkes von Händlern und Reisenden, befanden sich die Karawansereien entweder in der Stadt in der Nähe des Marktes (Bazar) oder an der Straße der Karawanen, in einem Abstand von ungefähr 30 km voneinander entfernt, der Distanz, die eine beladene Karawane durchschnittlich an einem Tag zurücklegen kann. In ihren großen Bauten, die meist um einen Hof mit Arkaden angeordnet waren, die dem Schutz der Tiere dienten, fand sich tagtäglich das bunte Volk der Händler und Kaufleute ein. Man redete dort in allen Sprachen, machte Geschäfte, ging ins Dampfbad, betete und brach zur nächsten Etappe auf.

Konkubine. S. Sklave

Koran. S. Islam.

Küche. Die große arabische Küche hat sich besonders am Hof der abbasidischen Kalifen entfaltet. Die Kochkunst war, gleichrangig mit der Literatur, der Verskunst und der Musik, eines der wesentlichsten Elemente der Lebenskultur. Die Kultivierung des Geschmacks in seinen vielfältigen Formen bildete einen wesentlichen Bestandteil bei der Ausbildung der Prinzen und der hohen Würdenträger, die am Hofe verkehrten, und galt auch bei den Müßiggängern als geistige Aktivität (s. Eßkultur). Daher entstanden auch ab dem 9. Jahrhundert und während der langen, prachtvollen Periode des abbasidischen Kalifats zahlreiche Abhandlungen über die Kochkunst. Eine der berühmtesten ist das *Kitâb al-Tabîh* von Muhammed al-Bagdadi (1226) und das *Kitâb al-Wusla ila al-Habib* (»Buch vom Gekochten« und »Buch der Freundesbande«). Letzteres war von einem aijubidischen Prinzen, dem Großneffen von Saladin, Mitte des 13. Jahrhunderts verfaßt worden. Im Einführungskapitel preist der Verfasser die Vorzüge eines reichhaltigen Mahls und verweist darauf, daß »der Großteil der irdischen und himmlischen Freuden im Verzehr wohlschmeckender Speisen und Getränke besteht«, daß »der Genuß guter Dinge die Anbetungsbereitschaft beim Diener Gottes verstärkt« und daß »diese Wohltaten Gottes im kostbaren Buch Gottes Erwähnung fanden und ihnen dort Lob und Auszeichnung zuteil wurde«.

Die Niederschrift von Kochbüchern, die zumeist für den Kalifen bestimmt waren, wurde damals als eine besondere literarische Kunst angesehen, der vor allem die Schriftgelehrten, die Wissenschaftler und die Würdenträger des Hofes huldigten. Daneben entwickelte sich in der perfektesten arabischen Dichtungsmanier eine ganze kulinarische Dichtkunst, in der die Freuden des Geschmacks und die Raffinesse der Speisen gepriesen wurden (s. Eßkultur). So bleibt der Name des Kalifen Mustakfî (944–946) in den Annalen eng verbunden mit einem Wettbewerb kulinarischer Poesie, bei dem zahlreiche Gäste ihr Talent in der poetischen Zelebration der raffiniertesten Speisen unter Beweis stellten...

Kulinarische Gedichte wurden bei den anerkanntesten Dichtern der Epoche in Auftrag gegeben und von diesen bei den Eßgelagen in Begleitung von Musik vorgetragen und manchmal sogar in die Tische eingeritzt. Häufig illustrierten sie auch die Kochbücher.

Die arabische Küche, die sich in dieser Zeit herausbildete, war eine sehr reichhaltige, fürstliche Küche, geprägt durch die große Vielfalt der verwendeten Zutaten und Speisen sowie durch die raffinierte Zubereitung mit zahlreichen Ingredienzien (s. Süßspeisen und Gebäck, Gemüse und Obst, Gewürze und Kräuter, Fleisch).

Magier. So werden die Anhänger des Zarathustra genannt, dessen parsische Religion durch den Kult des Feuers charakterisiert ist und die in Persien während des sassanidischen Reiches eine wichtige Rolle gespielt hat. Selbst in späteren Zeiten, nach der Ausbreitung des Islam, gab es, besonders in den iranischen Provinzen, noch zahlreiche Anhänger. Als die arabische Invasion begann, flohen die Schüler des Zarathustra bis in den Nordwesten des indischen Kontinents, wo man wohl die Stadt der Magier suchen muß, die des öfteren in den Erzählungen auftaucht.

Mahlzeit. In der arabischen Kultur ist die Tafel stets der Ort gewesen, an dem sich die bei den Arabern so hochgeschätzte Tugend der Gastfreundschaft in der Raffiniertheit der Speisen widerspiegelt. Aus beduinischer Tradition stammt die Gepflogenheit, die Gäste auf Kissen zu betten, vor die man kleine, niedrige Tische stellte, die mit den verschiedensten Speisen reich gedeckt waren. Man aß mit den Fingern, aber ausschließlich der rechten Hand, da die der linken anderen Tätigkeiten vorbehalten war. Die Reinigung der Hände mittels eines mit Wasser gefüllten Krugs vor den Mahlzeiten gehörte zum obligatorischen Zeremoniell, ebenso wie nach dem Verzehr der verschiedenen Gänge mit Gemüse, Fisch oder Fleisch, wenn den Gästen zur Reinigung wiederum der Wasserkrug gereicht wurde, dieses Mal jedoch mit parfümiertem Wasser (Rosen- oder Orangenblüten). Danach wurde der Tisch mit den Süßspeisen und dem Gebäck aufgetragen. Die Getränke, besonders der Wein, wurden meist mit dem Gebäck serviert. Bei prunkvollen Diners ging man anschließend in einen mit Kerzen erleuchteten Salon, der nach Aloe oder grauer Ambra duftete und mit Rosenblättern geschmückt war, die in den Wasserbecken oder auf dem Teppich verstreut waren. Am Hof des Kalifen und in den Palästen der Reichen lobpreisten Musiker und Dichter die Tafelfreuden und die Vorzüge der Gäste und machten so aus der Mahlzeit ein wahres Fest der Sinne.

Mosul. Stadt im Norden des Irak, am Ostufer des Tigris gelegen, mit einer blühenden Landwirtschaft und berühmt für seine Stoffe, besonders seine Seidengewebe (daher stammt das Wort Musselin), und seine Musiker. Die einsaitige Geige, die in jener Zeit viel gespielt wurde, nannte man Geige von Mosul.

Münzgeld. S. Geldwechsler.

Musik. Sie ist untrennbar verbunden mit den Gedichten, die bei fürstlichen Mahlzeiten und Zusammenkünften mit Freunden rezitiert oder vorgesungen wurden. Die Musiker sind meist Frauen (s. Sklaven); männliche Musikanten mußten blind sein, wenn auch Frauen zu den Festlichkeiten geladen waren. In der Regel wurden die Gedichte von einer persischen Harfe, einer Laute, einer Zither oder einem Flageolett begleitet, Musikinstrumente, die im Arabischen übrigens männlichen Geschlechts sind. Der Gesang jedoch genoß die höchste Wertschätzung, denn, wie der Dichter sagt, »der Gesang schärft den Geist und macht den Charakter weich, er bewegt und erfreut die Seele, er gibt dem Herzen Mut und lehrt den Geizigen Großzügigkeit; er ist mit dem Nabîd (s. Wein) das beste Mittel gegen den Kummer, der den Körper zerstört«.

Parfums. Als große Meister der Lebenskunst wußten die Araber besser als alle anderen:

> *»Wie lange Echos, die sich in der Ferne vermischen,*
> *so antworten sich auch Düfte, Farben und Töne.«*
> *(Charles Baudelaire)*

Zu den begehrtesten Parfums zählten Weihrauch, graue Ambra und Moschus, die aus Südarabien stammten oder aus noch ferneren Ländern importiert wurden. Ihr Duft trug zur atmosphärischen Vervollkommnung der fürstlichen Gemächer bei, und die Frauen machten bei ihrer Toilette reichlich Gebrauch davon. Häufig benutzt wurden auch Aloe, Sandelholz und Kampfer, die einfacher und weniger kostspielig waren. Der Gebrauch von Blumenessenzen, die ebenfalls sehr beliebt waren, beschränkte sich im allgemeinen auf den häuslichen Bereich. Sie dienten dazu, »Duftwasser« herzustellen, mit denen man die Gäste nach dem Essen einrieb, oder man verwandte sie dazu, die Speisen, vor allem das Gebäck, zu parfümieren.

Am beliebtesten war das Rosenwasser. In den Kochbüchern der abbasidischen Epoche findet man Rezepte für alle möglichen Duftwasser, die aus Rosenblättern, Gewürznelken, Orangenblüten, Myrte, Königskraut, Lindenblüten, Jasmin usw. hergestellt wurden.

Qalandar. Eine Art von Bettelmönchen, herumziehenden Derwischen, die von Almosen lebten und besonders in Persien und Indien verbreitet waren.

Rose. Sie ist die auserwählte Blume der Gärten und der Dichter, die ihr unter den wenigen sicheren Werten des Lebens einen festen Platz einräumen:

> *»Wenn Rose, Wein und Freund mit dir sind,*
> *ist der König der Welt dein Sklave.«*
> *(Hafis)*

Der elfenbeinfarbene Perlmutterglanz der weißen Rosen aus Damaskus, die im Gepäck der Kreuzfahrer in den Westen gelangten, hat das Abendland erobert. Die Legende erzählt, daß anfangs alle Rosen weiß waren, bis eines Tages der Gesang einer Nachtigall, die sich in eine Rose verliebt hatte, die Schöne so bewegte, daß sie der Nachtigall ihre Blütenblätter öffnete. Am nächsten Tag errötete sie aus Verwirrung darüber, einer Nachtigall erlaubt zu haben, ihr die Unschuld zu rauben.

So wurde die Rose zum Symbol der Liebe und der Weiblichkeit, die von den Dichtern besungen wird und deren Duft die arabischen Gärten und Paläste einhüllt:

> *»Jeden Tag beperlt Morgentau die Tulpe,*
> *Jeden Tag benetzen Wassertropfen das Veilchen,*
> *Aber nichts gleicht der roten Rose,*
> *Die sich zitternd öffnet, um sich um so glanzvoller zu entfalten.«*
> *(Omar Hayyâm)*

Das Rosenwasser spielt eine wichtige Rolle in der arabischen Küche, der Bäckerei und auch beim Ritual der Mahlzeiten (s. Parfums).

Samarkand. Stadt im ehemaligen Transoxanien (Usbekistan), die von den Arabern im Jahre 712 erobert wurde und im 9. und 10. Jahrhundert eine glanzvolle Entwicklung genommen hat. Besiegt und zerstört von den Mongolen 1220, erlebte sie im 14. Jahrhundert einen neuen Aufschwung, als der durch seine Grausamkeit berüchtigte türkische Eroberer Tamerlan (Timur Leng) sie zur Hauptstadt seines Reiches machte (am Ende seiner Herrschaft vereinigte er Transoxanien, Choresmien, Iran, Irak und Pandschab). Damals war sie eine der bedeutendsten Städte des Islam.

Scheich. Ehrentitel, der einer einflußreichen Persönlichkeit vorbehalten ist, deren geistige, juristische und moralische Autorität einstimmig anerkannt wird.

Sesam. Ölhaltige Pflanze, deren Samenkörner seit der Antike ein sehr wichtiges Nahrungsmittel für die Bevölkerung der heißen Regionen darstellen. Die Samenkörner werden entweder zur Herstellung eines Öls oder einer Paste verwendet, die wegen ihrer gesundheitsfördernden Eigenschaften begehrt ist, oder auch in gerösteter Form bei vielerlei Gebäck (Halwa) und bei Brot. Die magischen Eigenschaften, die dem Sesam zugesprochen werden, finden sich in der Formel: »Sesam öffne dich!« verewigt, deren Zauberwirkung in *Ali Baba und die vierzig Räuber* anschaulich dargestellt ist, ein übrigens von *Tausendundeine Nacht* unabhängiges Märchen.

Sklaven. Die meist schwarzen, jungen und schönen Frauen, die auf öffentlichen Sklavenmärkten gekauft wurden, waren ein Zeichen des am Hof des Sultans herrschenden Luxus und Reichtums. Eine spezielle Kategorie bildeten die Sklaven-Sängerinnen (Qaina), die eine besonders sorgfältige Ausbildung in den Feinheiten des gesellschaftlichen Lebens erhielten, vor allem aber natürlich in Dichtung und Gesang, damit sie ihrem Herrn und Meister und dessen Freunden Gesellschaft leisten und sie zerstreuen konnten. Sie waren damit in der Lage, die Rolle einer Konkubine oder Favoritin einzunehmen. Es gibt die Geschichte eines Kalifen, der eine Sklavin seinem Eigentümer abkaufen wollte, da er auf einem privaten Fest von ihrem Gesang verführt worden war. Der Eigentümer forderte aber einen solch hohen Preis, nämlich seine Ernennung zum Statthalter von Ägypten, daß das Geschäft nicht zustande kam . . .

Süßspeisen und Gebäck. Sie nahmen und nehmen noch heute einen großen Platz im orientalischen Speiseplan ein. Der verfeinerte Geschmack der Araber findet hier eine seiner bevorzugtesten Ausdrucksmöglichkeiten. Süßspeisen und Gebäck, die stets nach den Mahlzeiten auf einem speziellen Tisch und oftmals auch an einem anderen Ort serviert wurden, waren eine obligate Beigabe zu den Getränken, besonders zum Wein, dem man während der musikalischen und poetischen Darbietungen reichlich zusprach. Der genüßliche Verzehr von Süßspeisen und Gebäck war auch ein beliebter Zeitvertreib der Frauen im Dampfbad oder während der müßigen Nachmittagsstunden, die zum Leben der Frauen höherer Gesellschaftsschichten gehörten. Unter den zahlreichen Rezepten auf der Basis von Honig, Pistazien, Mandeln oder Zuckersirup finden sich viele, denen die Kochbücher oder die Tradition phantasievolle Namen zuschreiben. Manche tragen den Namen einer berühmten Persönlichkeit, der die Zubereitung gewidmet war, wie zum Beispiel die Griesspeise, die man Ma'mûniya nennt, nach dem Kalifen Ma'mûn, dem Sohn des Harun al-Raschid, der diese selbst zubereitet haben soll. Manchmal läßt der Name auch nur die verschiedenen Köstlichkeiten ahnen (»welker Flitter der Mutter Sâlih, Finger der Zenobia, Witwenbrot, Richterbissen, Knack-und-Dank« usw.).

Sultan. Dieser Titel wurde vom Kalifen gewissen Emiren verliehen, die er besonders auszeichnen wollte, indem er sie mit einer höheren Machtbefugnis als die anderen Emire ausstattete. Mit dem Einfall der Seldschuken im Jahre 1038 sprach man offiziell nicht mehr vom Kalifen, sondern vom Sultan als Bezeichnung für den Herrscher. Tatsächlich bezeichnet das Wort, das ursprünglich »Herrschermacht« bedeutet, den Inhaber der Macht, also den Herrscher selbst.

Verführung. Das Spiel der Verführung ist allgegenwärtig in der arabischen Erzähl- und Dichtkunst der abbasidischen Epoche. In zahlreichen Erzählungen von *Tausendundeine Nacht* werden die verschiedensten Aspekte amouröser Beziehungen sehr detailliert dargestellt. Von den drei Freuden der Liebesbeziehung spielt das Vergnügen des Betrachtens in *Tausendundeine Nacht* die größte Rolle. Das Liebesspiel im eigentlichen Sinn wird nur angedeutet. Erotische Ausschmückungen kommen – ganz im Gegensatz zu den Phantasien, die sich seit dem 19. Jahrhundert im westlichen Abendland festgesetzt haben – nirgends vor. Erzählungen wie »Der Lastträger und die Damen« bilden hier eine Ausnahme. Sinnlichkeit und körperliche Wollust, immer verbunden mit der Wollust der Seele, finden in den Märchen aus *Tausendundeine Nacht* eine andere Ausdrucksform. Das Vergnügen am Geschmack und am Wohlgeruch der Speisen bildet ebenfalls einen unentbehrlichen Bestandteil jeder Beziehung, sei sie amouröser Art oder nicht, was aber nicht heißt, daß man in den Geschichten genaue Details über die servierten Speisen erfährt.

Wein. Vom heiligen Buch untersagt (Koran V-90), ist der Wein den Gläubigen vorbehalten, wenn sie ins Paradies kommen (Koran XLVII-15 und LXXXIII-25). In Wirklichkeit ist der Koran bezüglich des Alkoholgenusses eher zweideutig (Koran XVI-67), was im Lauf der Jahre zu den unterschiedlichsten Auslegungen und, während des abbasidischen Kalifats, zu zahlreichen juristischen Auseinandersetzungen geführt hat.

So war Dattelwein (Nabîd) zwar meist erlaubt, Rebenwein aber war verboten. Dieses Verbot wurde jedoch von den führenden Klassen nicht immer eingehalten, vor allem die aus dem orientalischen Iran stammende Oberschicht hielt sich nicht daran. Gewisse Kalifen, darunter auch Harun al-Raschid, sollen das Weintrinken sogar für legitim erklärt haben.

Während der Weinhandel fest in den Händen von Christen war, stellte die Lobpreisung des Getränks »von der Farbe der Rose« eines der beliebtesten Sujets der Dichter und Erzähler dar. Der Vierzeiler von Abû Nuwâs, einem großen Dichter der abbasidischen Epoche und einem Freund des Harun al-Raschid, zählt mit jenem des Omar Hayyâm zu den berühmtesten:

»Freudetrunken, höre ich nicht auf, die Seele der Amphore zu atmen
Und ihr Blut aus der Höhlung ihrer Wunde zu trinken,
Bis ich mich doppelt fühle, zwei Seelen in einem Körper,
Und bis neben mir liegt die Amphore, ein Körper ohne Seele.«
(Abû Nuwâs)

»Die Karawane des Lebens, schau, wie sie vorüberzieht,
Ergreife das Glück, in jedem Moment deines Lebens!
Sorge dich nicht, o Mundschenk, um das Morgen deiner Gäste,
Reich uns das Glas, schenk ein den Wein und höre: die Nacht vergeht.«
(Omar Hayyâm).

Wesir. Der zweite Mann im Königreich, der in gewisser Weise die Funktion eines Regierungschefs innehat. Er ist der Vertrauensmann des Kalifen und führt alle für eine gute Verwaltung des Königreichs notwendigen Aufgaben aus. Er kann genauso schnell in Ungnade fallen, wie er politisch aufgestiegen ist. Einer der berühmtesten Wesire war Dscha'far der Barmakide, der Wesir von Harun al-Raschid, dessen enger Freund und unzertrennlicher Gefährte er war, bis dieser ihn wegen einer nicht eingehaltenen Abmachung ermorden ließ. Harun al-Raschid hatte seine Halbschwester, die Prinzessin Abassa, mit ihm verheiratet, allerdings unter der Bedingung, die Ehe nicht zu vollziehen, um so die zwischen ihnen bestehende besondere Beziehung intakt zu erhalten. Als jedoch Dscha'far den Reizen der Prinzessin erlag, die von großer Schönheit war, forderte der Kalif den Kopf seines Wesirs. Und die Barmakiden verloren damit ihre politische Macht.

Zenobia. Reiche, schöne und mächtige Königin von Palmyra, einer Wüstenstadt, durch die mit wertvollen Waren beladene Karawanen nach Indien und China zogen. Ihre Unabhängigkeit erzürnte den Kaiser Aurelian so sehr, daß er sie gefangennehmen ließ und sie als seine Gefangene nach Rom führte.

Bibliographie

Abû Nuwâs, *Le Vin, le vent, la vie,* traduction Vincent Monteil, Sindbad, 1979.

Abû Rub Mohamed, *La poésie galante andalouse au XIe siècle*, Éditions Asfar, 1990.

Ahmad-al-Qalyoûbî, *Le Fantastique et le Quotidien*, Maisonneuve et Larose, Paris 1981.

Baudelaire, Charles, *Die Blumen des Bösen*, übertragen v. Carlo Schmid, insel taschenbuch, Ffm. 1976.

Bencheikh, Jamel Eddine, *Les Mille et Une Nuits ou la parole prisonnière,* Gallimard, Paris, 1988.

Bencheikh, Jamel Eddine, *Poétique arabe*, Gallimard, Paris 1989.

Bencheikh, Jamel Eddine, und Miquel, André, *Les Mille et Une Nuits, contes choisis*, Gallimard-Folio, 2 Bde., Paris 1991.

Bencheikh, Jamel Eddine, Brémond, Claude, und Miquel, André, *Mille et un contes de la nuit,* Gallimard, Paris 1991.

Berque, J., *Le Coran*, Sindbad, Paris 1991.

Bourre, Jean-Marie, *La Diététique du cerveau*, Ed. Odile Jacob, Paris 1990.

Chouraqui, A., *Le Coran,* R. Laffont, Paris 1990.

Croutier, Alev Lytle, *Harem. Die Welt hinter dem Schleier,* Heyne, München 1989.

Delcambre, Anne-Marie, *Mahomet, la parole d'Allah,* Gallimard, Paris 1987.

Elisseeff, Nikita, *Thèmes et motifs des Mille et Une Nuits*, Beirut 1949.

Encyclopédie de l'Islam, Bd. I–IV, Ed. Maisonneuve et Larose, Paris.

Gall, Michel, *Le Secret des Mille et Une Nuits,* R. Laffont, Paris 1972.

Galland, Antoine, *Les Mille et Une Nuits,* 3 Bde., Garnier-Flammarion, Paris 1965.

Hâfez Shirâzi, *L'amour, l'amant, l'aimé,* Französisch von Vincent Mansour Monteil, Sindbad/Unesco 1989.

Hermary-Vieille, Catherine, *Le Grand Vizir de la nuit,* Gallimard, Paris 1981.

Khawam, René R., *Les Mille et Une Nuits,* 4 Bde., Phébus, Paris 1986–1987.

Khawam, René R., *La passion des Mille et Une Nuits,* Liège 1988.

Khawam, René R., *Le Qoran,* Ed. Maisonneuve et Larose, Paris 1990.

Der Koran, Übers. v. Adel Theodor Khoury unter Mitwirkung v. Muhammad Salim Abdullah, Gütersloh 1987.

Laroze, Catherine, *Une histoire sensuelle des jardins*, Olivier Orban, Paris, 1990.

Maçoudi, *Les Prairies d'or*, Französisch von C. Barbier de Meynard, Bd. 8, Paris 1874.

Mardrus, Joseph-Charles, *Les Mille et Une Nuits*, R. Laffont, 2 Bde., Paris 1980.

Mazahéri, Aly, *La Vie quotidienne des musulmans au Moyen-Age*, Hachette, Paris 1951.

Miquel, André, *L'Islam et sa civilisation,* Armand-Colin, Paris 1990.

Miquel, André, *Les Dames de Bagdad, conte des Milles et Une Nuits,* Ed. Desjonquères, Paris 1991.

Miquel, André, *Du désert d'Arabie aux jardins d'Espagne, chefs d'œuvres de la poésie classique,* Sindbad, Paris 1992.

Mûjdat, Kayayerli, *Les contes de Nasreddin Hodja*, Keskin Color Matbaasi, Istambul.

Pitte, Jean-Robert, *Gastronomie française,* Fayard, Paris 1991.

Sourdel, Dominique und J., *La civilisation de l'Islam classique,* Arthaud, Paris 1983.

Rodinson, Maxime, *Recherches sur les documents arabes relatifs à la cuisine,* Revue des études islamiques, 1950, S. 96 ff.

Safa, Z., *Anthologie de la poésie persane,* Gallimard/Unesco, Paris 1987.

Seghers, Pierre, *Omar Khayyâm, sa vie et ses quatrains Rubâ'iyât,* Ed. Seghers, Paris 1982.

Vernet, Juan, *Ce que la culture doit aux Arabes d'Espagne,* Sindbad, Paris 1985.

Verzeichnis der Rezepte

Quellennachweis

Die Nacherzählung der Geschichten sowie deren Übertragung ins Deutsche basiert auf der folgenden französischen Ausgabe:

René R. Khawam, *Les Mille et Une Nuits,* 4 Bde., Phébus, Paris 1986–1987.

Die Erzählungen sind in folgenden deutschen Ausgaben zu finden, auf die sich auch die Seitenangaben beziehen:

Enno Littmann, *Die Erzählungen aus den Tausendundein Nächten,* Gesamtausgabe in 6 Bdn., Wiesbaden 1953, Insel Verlag, (1).

Gustav Weil, *Tausend und eine Nacht, Arabische Erzählungen,* Gesamtausgabe in 2 Bdn., Essen o. J., Magnus Verlag, (2).

Scheherazade und der König Schahrijâr:
Die Erzählung von König Schahrijâr und seinem Bruder/Die Erzählung von dem Stier und dem Esel, (1), Bd. I, S. 19–32 Eingang, (2), Bd. I, S. 5–17

Der Lastträger und die Damen:
Die Geschichte des Lastträgers und der drei Damen, (1), Bd. I, S. 97–121
Geschichte der drei Kalender, (2), Bd. I, S. 77–93

Der Mann, der mit der linken Hand aß:
Die Geschichte des christlichen Maklers, (1), Bd. I, S. 300–318
Geschichte des Christen, (2), Bd. I, S. 230–242

Die Favoritin des Kalifen:
Die Geschichte von Ghânim Ibn Aijûb, dem verstörten Sklaven der Liebe, (1), Bd. I, S. 460–500
Geschichte Ghanems und der Geliebten des Beherrschers der Gläubigen, (2), Bd. II, S. 86–113

Eine glückbringende Speise:
Die Geschichte der Wesire Nûr ed-Dîn und

Schams ed-Dîn, (1), Bd. I, S. 224–291 (S. 243 ff.)
Geschichte Nurrudins und seines Sohnes und Schemsuddins und seiner Tochter, (2), Bd. I, S. 174–222 (S. 188 ff.)
Ein gefahrvolles Liebesmahl:
Die Geschichte von Kamar ez-Zamân, (1), Bd. II, S. 357–530 (S. 477 ff.)
Geschichte des Prinzen Kamr essaman mit Bedur, (2), Bd. I, S. 418–493 (S. 469 ff.)
Im Musikpavillon:
Die Geschichte von Nûr ed-Dîn'Alî und Enîs el-Dschelîs, (1), Bd. I, S. 406–460 (S. 431 ff.)
Geschichte Nureddins mit Enis Aldjelis, (2), Bd. I, S. 369–417 (S. 393 ff.)
Das Mahl am Flußufer:
Die Geschichte der ältesten Dame, (1), Bd. I, S. 187–199
Geschichte des ersten Mädchens, (2), Bd. I, S. 147–155
Das imaginäre Festmahl:
Des Barbiers Erzählung von seinem sechsten Bruder, (1), Bd. I, S. 396–402
Geschichte des Barbiers/Geschichte des sechsten Bruders des Barbiers, (2), Bd. I, S. 280–282, S. 308–314

Außerdem wurde zitiert aus folgenden Büchern:
Charles Baudelaire, *Die Blumen des Bösen,* übertragen von Carlo Schmid, Frankfurt/M. 1976, S. 209 und 253
Der Koran, übertragen von Adel Theodor Khoury unter Mitwirkung von Muhammad Salim Abdullah, Gütersloh 1987, S. 389 f.

Bildnachweis

S. 1: *Der Prinz Humaj und die Prinzessin Humaj'un in den Gärten des Kaisers von China.* Persische Miniatur zu einem Gedicht von Khawadju Kirmani, Schule von Herat. Paris, Musée des Arts décoratifs. © Musée des Arts décoratifs
S. 17: *Ankunft eines Prinzen vor den Toren einer Stadt.* Persische Miniatur, gegen 1500. Paris, Musée des Arts décoratifs. © Musée des Arts décoratifs
S. 28: *Liebespaar in einem Garten.* Blatt aus einem Album, Iran, 2. Hälfte des 17. Jh.s; Paris, Bibliothèque nationale. © Bibliothéque nationale
S. 33: Cesare Biseo, *Arabischer Markt,* 1876. Privatsammlung. © Edimedia
S. 38: Miniaturbild einer persischen Handschrift aus dem Jahr 1650. Kairo, Museum für islamische Kunst. © Foto R. M. N.
S. 42: Frederick Arthur Bridgman, *Arabische Straßenszene,* 1878. Privatsammlung. © Edimedia
S. 49: *Vergnügungen im Grünen* (Detail). Iran oder Türkei, Ende 16. Jh.; Paris, Musée National du Louvre. © Foto R.M.M.
S. 54: Heckenrose. Iran, 17. Jh.; Paris, Musée National du Louvre. © Foto R. M .N.
S. 57: Blatt aus einem Kamesh von Amir Khusraw Dihlavi. Persische Miniatur, Anfang 16. Jh.; Paris, Musée National du Louvre. © Foto R. M. N.
S. 61: *Frau im Bad.* Mit Abdallah Bukhan signierte Miniatur, 1741–1742. Istanbul, Museum des Topkapi-Palastes. © D.R.
S. 63: E. Weeks, *Die Prinzessin.* Roubaix, Städtisches Museum. © Giraudon
S. 70: John Frederick Lewis, *Die Siesta.* London, Tate Gallery. © Bridgeman-Giraudon
S. 75: Persische Miniatur. Schule von Bukhara gegen 1560–1570. Paris, Musée des Arts décoratifs. © Musée des Arts décoratifs
S. 76: Miniatur aus dem *Buch der Könige* (Detail). Schule des Sultans Muhammed, 16. Jh. Privatsammlung. © Edimedia
S. 84: *Vorbereitungen zu einem Mahl.* Gedichtsammlung von Hafis (Schams ed-Din Mohammed), 14. Jh.; Damaskus, Nationalmuseum. © G. Dagli Orti
S. 86: Théodore Frère, *Intérieur d'un café oriental.* Paris, Musée des Arts africain et océaniens. © Lauros-Giraudon
S. 89: Von Muhamad Qasim signierte Miniatur, 12. März 1627, Isfahan. Paris, Musée National du Louvre. © Foto R. M. N.
S. 101: *Prinz und Kurtisane in einem Park.* Fresko im Miniaturstil, 17. Jh.; Isfahan, Palast des Tchehel Sotoun. © G. Dagli Orti
S. 105: *Vergnügungen im Grünen* (Detail). Iran oder Türkei, Ende des 16. Jh.s; Paris, Musée National du Louvre. © Foto R. M. N.
S. 107: *Festmahl mit Musikanten. Die Gedichte von Hafis.* Persische Handschrift, 1554. Königliche Bibliothek El Escorial. © G. Dagli Orti
S. 117: Fresko im Miniaturstil, Anfang des 17. Jh.s; Isfahan, Palast des Tchehel Sotoun. © G. Dagli Orti
S. 120: Jules Lecomte de Noüy, *L'Esclave blanche.* Nantes, Musée des Beaux-Arts. © G. Dagli Orti
S. 127: Persische Miniatur. Schule von Seferide, Anfang 16. Jh.; Snook Archives. Paris, Musée Guimet. © Edimedia
S. 135: Miniatur aus dem *Buch der Könige.* Schule des Sultans Muhammed, 16. Jh. Privatsammlung. © Edimedia
S. 138: Miniatur aus *Hâlnâma.* Allâhâbâd, gegen 1603–04. Paris, Bibliothèque nationale. © Biliothèque nationale

Randornamente:
S. 12: Kalligraphisches Blatt. Indien, 17. Jh.; Paris, Musée National du Louvre. © Foto R. M. N.
S. 58, 68, 80, 92, 124: *Mundschenk mit orangefarbenem Turban* (Detail). Persische Miniatur, Ende 16. Jh. – Anfang 17. Jh.; Paris, Musée National du Louvre. © Foto R. M. N.
S. 114: *Johangir und Jadrup* (Detail). Miniatur aus Vorderindien. Paris, Musée Guimet. © Foto R. M. N.

DANKSAGUNG

Mein ganz besonderer Dank gilt den Galerien und Antiquitätenhändlern, die uns ihre wertvollen Objekte anvertraut haben:

Rajiv Arora, Romi Tholia, Hemant Periwal, Anil Doraya, Vishal Pathania, G. D. Gupta, Surinder Jarial, Mahavir Dhaddha, Lalit Panwar und allen seinen Mitarbeitern bei Designer Holidays, Galerie Bassali, Suger Au Louvre des Antiquaires, Au fil du temps, Le Faucon, Michèle Baconnier, Triade, Ville de Mogador, Reflets d'Orient, Le Jardin Mogol, Kin Liou, Les Indiennes Tissus Anciens, Les deux orphelines, Josy Broutin, Au Puceron Chineur, Noura, Güven Luthier, Patrick Divers, Joyeuse Orient, Dîner en ville, Point à la ligne, Le Faucon sowie L. Riccardi, Surinder Jarial, Pratap Singh und Jacques Renault.

LYDIA FASOLI

Ein großer Teil der Rezepte, die hier abgedruckt sind,
wurde dem Band von Odile Godard,
Les Soupers de Schéhérazade
entnommen, der bei Actes Sud (1990) erschienen ist.

Titel der französischen Originalausgabe:
SAVEURS DES MILLE ET UNE NUITS

Aus dem Französischen übertragen von Michael und Susanne Farin
und (Rezepteteil) Wolfgang Glaser

Die Originalausgabe des Buches erschien
bei Société Nouvelle des Editions du Chêne, Paris, 1993

Prolog: Irène Frain. Rezepte: Odile Godard. Fotos: Jean-Bernard Naudin. Styling: Lydia Fasoli
Grafische Gestaltung: Philippe Pierrelée
Umschlaggestaltung der deutschen Ausgabe: Christian Diener
Satz: Kort Satz GmbH, München
Druck und Bindung: Canale, Turin

Printed in Italy

ISBN 3-453-07395-9